華志文化

華志文化

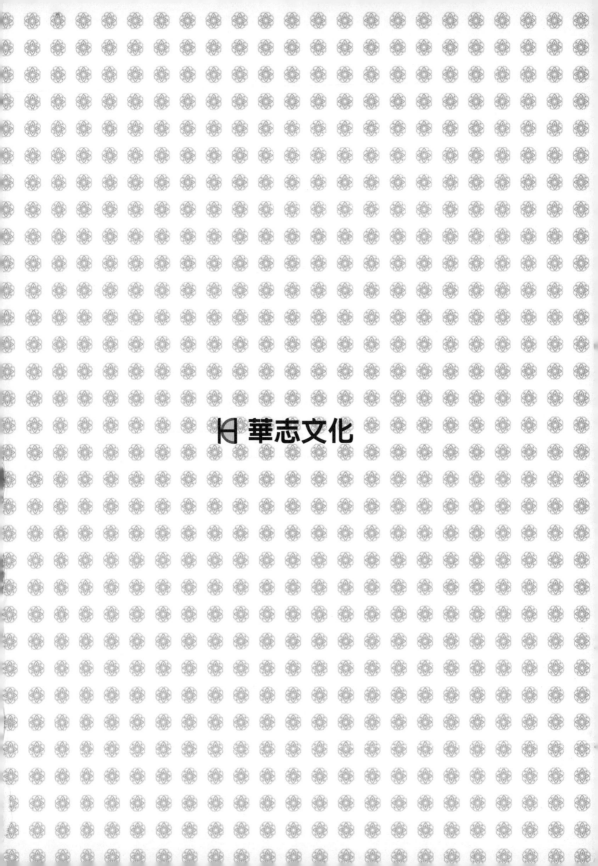

智慧結晶

一本書就像一艘人生方舟

前言

改變千萬人生命運的勵志書

行走在人生的旅途中，我們常常會莫名其妙地迷失方向，找尋不到心靈的歸依。如同奧格．曼狄諾一樣，這時我們多麼渴望有一盞明燭，點亮自己前行的道路！大作家奧格．曼狄諾是幸運的，當他失去一切，一貧如洗時，受到一位神父的啟示，找來了一些勵志書去讀。漸漸地，彌漫在他心頭的那片大霧散去了，通往希望的小徑漸漸清晰起來。

「從現在開始，我要微笑著面對世界，我能夠活得更好！」曼狄諾合上書時心情激動。於是，他就像帶著指南針，滿懷信心地闖進生活的叢林中，直至尋找到夢想中的宮殿。

比起奧格．曼狄諾，我們要更加幸運，因為在人類歷史上，每個時代都會有一些智者，他們肩負著拯救人類的使命，面對人類情感的荒蕪、欲望的蔓延、無處不在的孤獨、困頓的命運及生活的無助等等，他們用自己的超然智慧為人類指出了一條條通向幸福與成功的大路。

《改變千萬人生的六堂勵志課》就是這樣一本成功的勵志大典，它彙集了世界近四百年來最偉大的勵志大師的六部經典著作，包括經典鉅作：巴爾塔沙．葛拉西安的

《英雄寶鏡》、薩繆爾．斯邁爾斯的《自己拯救自己》、奧里森．馬登《改變千萬人生的一堂課》、詹姆士．艾倫的《圓融的智慧》、拿破崙．希爾的《思考致富》、安東尼．羅賓的《引爆潛能》等等。這些作品曾無數次地被翻譯，有數十種語言的譯本，風靡全球，影響和改變了上千萬人的命運，被公認為是世界上最偉大的勵志書。

本書就是將這些經典作品濃縮為一體，以它們獨特的風格和生動的語言，總結和闡述了各自的成功理念和思想精髓，蘊含著無窮的智慧和力量，鼓舞人心，催人奮進。這些作品不僅全面闡述併總結了成功的奧祕和由之所帶來的幸福生活的意義，帶給你智慧、信心、勇氣和力量，幫助你了解自己、把握自己，正確地規劃自己的人生，發展自己的成功之路，而且還指引你通往坦蕩、光明、美好的大道，登上成功的巔峰。

如果你有志於成功的話，你就必須重視這些經典之作；如果你想做個卓然超群的大人物，你就必須掌握和擁有這些經典之作的精髓。因為這些書裡記載了震撼心靈的祕密，它們從認識自我、轉變心態、發掘潛能、培養習慣、塑造性格、制訂目標、積極行動、跨越障礙、戰勝挫折等方面，全面闡述了成功者應具備的素質和技巧，幫助廣大讀者迅速掌握成功的祕訣，運用智慧開創美好的人生。

在本書的編譯過程中，我們參閱了其他多位勵志大師的經典著作。相信每一位讀者透過閱讀此書就能改變自己的命運，實現人生的成功，無論這種成功是物質上的還是精神上的，希望永遠有助於您！

目錄

Contents

Contents

Contents

第三部　奧里森．馬登《改變千萬人生的一堂課》

Contents

Contents

Contents

Contents

Contents

第一部 《英雄寶鏡》

巴爾塔沙・葛拉西安

《英雄寶鏡》一書擷取了葛拉西安《英雄》、《明慎之道》、《批評大師》、《政治家》四部名著的精華而成。本書名為《英雄寶鏡》，在於書中為道德與精神的完美境界提供一幅鮮明生動的意象。本書所論及的既非治國之策，也非經營之術，而是一套自我操持之道，一個航向卓越的羅盤，一種身體力行明裁慎度的要則，一種臻於卓越的人生藝術。

本書所收錄的亦為簡潔明瞭的人生至理名言，是一本人生謀略之書。運思遣詞精彩，全力追求完美，但更風趣，更閒適，更放得開。本書簡潔扼要，用詞十分精練，而文體更為豐富，除了箴言外，還有對話、書信和寓言，十分通俗易懂。

作者簡介

巴爾塔沙・葛拉西安

歐洲有許多學者相信，千百年來，人類思想史上具有永恆價值的處世智慧包含於三大奇書：一是馬基維利的《君王論》，二是《孫子兵法》，三就是《智慧書》。德國大哲學家叔本華曾刻意將《智慧書》譯成德文，並盛讚此書「絕對的獨一無二」；尼采也讚揚此書在論述道德的奧妙方面，整個歐洲沒有一本書比之更精微、更豐富多彩。在一八七三年的一則箚記裡，尼采寫道：「葛拉西安的人生經驗顯示出今日無人能比的智慧與穎悟」。

葛拉西安西元一六〇一年出生於西班牙阿拉貢的貝爾蒙特村，青少年時期，他在托雷多與薩拉戈薩修習哲學與文學。他於一六一九年十八歲時進入耶穌會見習修行，此後五年歷任軍中神父、告解神父、宣教師、教授及行政人員。他不曾出任重要公職，但與公職人員有過緊密的接觸。在和平與戰爭期間，他曾長期細心觀察人類行為，因此獲得其格言警句之靈感。

後來葛拉西安在友人兼保護者拉斯塔諾沙的沙龍與圖書館中度過的一段至樂時光。葛拉西安獲准可以利用拉斯塔諾沙的文物與文化寶藏，甚至葛拉西安有好幾本著作是由拉斯塔諾沙出資付梓的。《智慧書》中的許多警策之語可能也在他的沙龍賓客的身上得到了驗證。

由耶穌會的文獻記載，我們得以略窺葛拉西安擔任教士與行政官員時的情況。一六三八年耶穌會會長從羅馬下令葛拉西安應該調職，主要因為葛拉西安寫的書給教會帶來困擾。自從葛拉西安的第一本書《英雄寶鏡》問世後，其他作品陸續轉型，大多如《智慧書——永恆的人生處世經典》都以假名羅倫佐．葛拉西安出版，而且未得到耶穌會的准許。

接下來的幾年葛拉西安再三受到警告，責令其未獲允許不得出版作品。他違令如故。耶穌會不堪其擾，等他諷刺人生的巨卷傑作《批評大師》第三卷（末卷）問世後，就解除了他在薩拉戈薩的聖經教席，「放逐」至一個鄉下小鎮，在此終老。

一、英雄篇

1. 深謀遠慮

所謂深謀遠慮，其首要之義即是以自身的修養智慧來審時度勢。而其中尤為重要的原則是：為人所知，但不要被人看透；讓人對你有所期待，但不要完全滿足他們。每一次成功，都要使人能感受到你具有多方面的才能；你每每施展自己的特長，都能使人們殷切期望你日後能有更出色的表現。想要受人尊重，就要設法避免讓人猜度出你的深度。人一旦找到渡口，就再也不會一籌莫展地面對河流。同樣，一個才能盡顯的人，將很難獲得他人的推崇。反之，如果你能謹慎地隱藏自己的深度，那麼，你的名聲就可望保全。

能悟出其中的真諦者，往往可以成為個人的主宰者，而被人看透的人常常為他人所控制，勝負也會隨之發生轉換。因此，能識破他人意圖和想法的人，才能統領全域；而善於隱藏的人，才不會落入他人所設的陷阱之中。

在我國古代，善於深謀遠慮的例子不勝枚舉。劉邦初入咸陽，不為秦宮的美女、財寶這些近利所迷惑，毅然退駐灞上，並與城內百姓約法三章，贏得民心。而項羽卻引兵西屠咸陽，殺秦降王子嬰，燒秦宮室，並收其貨寶婦女而東。劉邦的約法三章，展現的是他為了社稷百姓的安定而深謀遠慮；項羽的濫殺無辜則曝露了他施暴百姓、狂虐人民的淺短見識。一個是深謀遠慮，另一個是見識淺薄，無怪乎最後劉邦打敗項羽，建立了西漢政權。無獨有偶，朱元璋由於採納了謀士朱升的建議，實行了「高築牆，廣積糧，緩稱王」的建議，經過幾年努力，待軍事和經濟實力迅速壯大後，才先後於一三六三年滅陳友諒，一三六七年滅張士誠，降割據浙江沿海的方國珍，最終於一三六八年正月在應天稱帝，建立了明朝。

深謀遠慮，是暫時的力量積蓄，反映出人們對智慧和膽略的推崇，昭示著人們對自我命運的掌控。

2. 一半大於整體

古希臘有一個智慧的古語：「一半大於整體①」，即所謂露一半，隱一半，多於一覽無疑的整體。有一個叫斐迪南的人頗精於此道，他就是新世界的首位君主②。各國君王都覺得斐迪南高深莫測，並非因為他征服了許許多多新的國度，而是因為他彷彿掌控著變幻莫測的智謀機變。

其實，斐迪南所謂的「智謀機變」就是善於隱藏自己，不過早曝露自己的觀點和想法。試想，含苞待放的花兒為什麼比盛開的花兒更招人喜愛，不就是因為含苞花朵的嬌羞會給人無限的遐想嗎？世間為什麼會有鬼魅之說？為什麼會有無數的神祕未解之謎？不就是因為那朦朧中的若隱若現，猶抱琵琶半遮面引起人們的好奇心嗎？而當某一天，所有的未解之謎被大白於世，所有的神祕人物現身聚光燈下時，以前的那種變幻莫測也將遠遁而去。所以，掩蓋了一半的事實真相，呈現給世人無限思索的空間；所以傳說才會風聲鶴起，無聲勝有聲；所以斐迪南被喻為「智謀機變」之人，導致其臣子都殫精竭慮地揣測他的心理，以求適時地迎合。

我們作為世間的凡夫俗子，若有志於成名和成功，就應該好好遵行這通達卓越的第一要義！要讓人人都知曉你，卻無人能猜度出你的實際深度。若真能躬行此法，中等之才看上去就會像上等之才，上等之才將會顯得其有無限之能，更別說身懷無限的天賦會給人以什麼印象了。

注：
①希臘七賢之一的皮塔庫斯所言
②斐迪南與卡斯提爾的伊莎貝爾征服了新世界

3. 善於隱藏自己的缺陷

西方一位哲人曾說，善於保存實力，才能確保你功成名就，而善於掩藏自己的用心和意圖，則能助你掌控一切。因善於隱藏自己的缺陷，則能夠選擇對自己有利的時機出擊，贏得利益。人無完人，每個人都會有缺陷。即便是戰神也會有「阿基里斯之踵」。對於缺陷，你首先要馴服它，然後再掩藏它。前者需要勇氣，而後者則要智謀。如果由於意志力的缺陷而導致你的失敗，那麼你的名聲就可能毀於一旦而被世人恥笑。因為屈服於自身的缺陷，是懦者的表現，你將一敗塗地；反之，若能控制缺陷，你就能轉敗為勝，轉危為安。

猶太諺語曾說：「聰明一旦過頭就會變成愚蠢。」「要比別人聰明，但不要讓人看出你比他聰明。」在猶太商人看來，最有智慧的人是那些知道如何利用裝愚扮癡而隱藏自身缺陷的人。所以，有時候最聰明的智慧是表現無知的樣子，你不能無知，但是一定要有本事裝扮無知。精明的人透過自己表面的「不精明」防止了上當受騙，用最愚憨的癡傻表象偽裝自己，讓所有的人不是防範你，而是接納你。

4. 控制自己的情緒

如果只知道掩飾自己才能的局限，只能說你的修養尚欠火候。除此以外，你還必須善於隱忍你那易於激動的情緒。在我們做的事情當中，有許多都受到情緒的影響。由於我們的情緒是個變數，它可為我們帶來偉大的成就，也可能使我們一敗塗地，所以，我們必須學會控制自己的情緒。我們將情緒分為消極和積極兩大類。消極情緒為：恐懼、仇恨、憤怒、貪婪、嫉妒、報復、迷信；積極情緒為：愛、希望、信心、同情、樂觀、忠誠。駕馭這些情緒，成為情緒的主人，正是我們人生成功與失敗的關鍵，它們的出現與組合將產生非凡的意義。

亞歷山大大帝有著赫赫功名，卻因為他那易於動怒的粗鄙習性而黯然失色，也因經常被自己的情緒所左右而減色不少；關羽「溫酒斬華雄」「誅顏良文醜」「五關斬六將」水淹七軍，威震華夏，何其威風。最終也因自己驕矜狂妄的情緒而兵敗麥城，客死他鄉。如果你想成為人傑，就應該學會駕馭自己的情緒。如果實在控制不了自己的情緒，至少也要設法對自己的壞情緒加以調節，這樣隨著時間的流逝和自己閱歷的增長，這些壞情緒才不會轉化為自己成功路上的阻礙。

航行於人海之中，可謂險象環生，因為我們時常會遭遇「憤怒」和「欲望」的糾纏。所以，欲成為成功者應注意駕馭自己的激情，至少也要設法加以掩飾，使對手無法了解你的意志。

駕馭自己的情緒，管理好自己的情緒，實屬知易行難之事。只有在行動上不被情緒控制的人，才是強者。人們常說，能識透他人的意圖，是你具有非凡才智的表現。但如果能識破一個人的情緒，就如同發現他才智堡壘的鑰匙，如果此時乘機而入，即可全面戰勝他。由於可見，情緒對一個人的成敗有著多麼重要的作用。

5. 寬宏大度之心

寬宏大量是一種美德，一個寬宏大量的人快樂必多，煩惱必少。羅蘭如是說。為何有些人的思想能日新月異，而心靈卻裹足不前？頭腦中往往思緒萬千、天馬行空，而有些觀念卻在心靈中百覓不得，都是因為他不具有一顆寬宏大量的心靈。

儒家弟子子貢曾經問孔子：「哪句話能夠用之終生呢？」孔子說：「那就是『恕』了。」「恕」就是寬容。

唐太宗李世民的心靈足夠寬容，他不計前嫌，任用原太子黨人魏徵，創造了震鑠古今的「貞觀之治」；亞歷山大的心靈足夠寬廣，他對巴勒斯坦猶太人的宗教寬容政策贏得了猶太人的廣大擁護。其舉重若輕之心能夠包容得下整個世界；林肯的心靈則更寬廣，寬恕辱罵他的平民，寬恕對他產生懷疑的將軍，懷抱著廣博的胸懷成為美國歷史上最有所作為的總統。

海納百川，有容乃大；壁立千仞，無欲則剛。天空因為擁有每一片雲彩，不論美麗的或醜陋的，所以才能廣闊無比；高山因為容括了每一塊岩石，不論巨大的或渺小的，所以才能雄偉壯觀；大海因為收納百川，所以才能成就汪洋之名。寬容是一種美德，是最能讓人感動的一種品質。人無完人，誰能無錯。不會寬容別人的人，是不配受到別人的寬容的。

6. 卓越的開始是成功的一半

人們往往將起步比喻為將自己的才能作為抵押，為的是在不久的將來，使自己的價值成倍增長，建名樹聲。

卓越的開始就是將自己的才能充分展現，等待奇蹟般的進步無法使平凡的起步添光生色，遲到的努力只能成為平庸起步的補綴，唯有卓越的開始，它能點亮心靈的明燈，使你的才能一覽無遺，熠熠生輝。

卓越的開始不但能贏得雷鳴般的掌聲，還會激發才智，使之再接再厲，更上一層樓。因為在事情開始之時，普通人常加以猜疑，而人們一旦產生疑惑的心理，就會很難消除。卓越的開始，從誕生之日起就目標明確，意志堅定。它始終以積極的進取來攻下路途中的每一個阻礙。

英雄之傑富恩特斯伯爵，生來就享有盛譽，他開始就像太陽一樣，初升之時就十分巨大並且燦爛奪目。

他的第一樁功業，即使戰神也無法超越。他不是循序漸進而贏得自己的名聲，而是一開始就矢志不朽。他無視許多人的進言，毅然決然圍攻貢佈雷，因為他的智慧就像他的勇敢一樣天下獨一無二。他以戰士聞名於世之前，已以英雄之名揚名內外。

7. 以一事超群拔眾

卓絕之人，不會僅僅局限於某一項完美，他會以萬丈雄心，立博大雄渾之志。其事業越重要，其知識就越精深。要想超群拔眾，就得有自己的絕活，哪怕僅一樣，足矣。中華百年老店「同仁堂」每天客滿為患，就是因為店內的醫生醫術高、用的藥材好；鹿谷的茶葉飄香四里，享譽海外，就是因為它有自家的獨特烘焙祕方。以一事超群拔眾，就能讓你脫穎而出，不同凡響。

如果僅僅滿足於對事物膚淺的認識，勢必流於委瑣。這樣，你受到的鄙視將多於因廣學而受到的讚譽。但是任何人都無法做到事事卓絕於世，這不能怪罪於人的半途而廢，而要歸因於一個人精力和時間的有限性。所謂熟能生巧，而要想熟練就必須有足夠的時間和耐力；更何況，我們對久為之事也易失去興趣。

即使擁有再多品質，若只入於庸常，也難稱其偉大；而若能有一件事超群拔眾，即足以為世人稱道。因一事而超群，必將對你其他事業的發展起到推波助瀾的作用。而當你的起點一次次升高，你會發現看到的風景會更加出色。

8. 出奇制勝是通向偉大的捷徑

《孫子・勢篇》曰：「凡戰者，以正合，以奇勝。故善出奇者，無窮如天地，不竭如江河。」這裡的「以奇勝」即指的就是出奇制勝。奇者，變數也。因其常變幻莫測，出人想像，故凡有奇術者往往會贏得先機。出奇制勝不僅局限於古代戰事中，在現代的商業競爭、人際交往、職場競爭中，它的作用更是威力無比。只要想法出奇、新穎、有創意、有市場，你就能搶佔先機，贏得勝利。因此現代人若想成名立業，必須獨闢蹊徑，不走別人走過的舊路。因為這世上雖有許多捷徑，但卻未必都那麼好走。你所選擇的道路或許最為獨特，或許最為艱難，但只要具備出奇不意，你就能走向最終的成功。

所羅門就是因為沒有繼承他父親所推行的戰爭策略，而是高瞻遠矚地選擇了和平。這改弦易轍的一招，使其最終獲得英雄之美譽；漢王劉邦也沒有選擇與項羽的長久對峙，而是採用韓信的「明修棧道，暗渡陳倉」之策，以出其不意的一著贏取了整個戰爭的轉折，使其最終獲得大漢天下。

有一位畫家①，自以為難以超越拉斐爾、提香等大師，於是他一改精雕細琢的畫風。因為他發現若繼續因襲此風，他至多只能與諸家並世而立。這位畫家開創了粗獷奔放的畫風，他還明確指出：寧居後者之首，不為前者之尾。

其實古往今來，凡有識之士都是這樣脫穎而出、留名青史的。即使是在最古老的行業中，若能做到與眾不同，也能因獨樹一幟而成就經典。既然維古爾擅長書寫史詩，柯瑞斯便以抒情詩避其鋒芒，而馬修爾則轉注其他；既然特倫斯善於寫喜劇，而柏修斯則以諷刺詩著稱。出奇制勝雖權謀之術，但歷史上深諳權謀之道的提比留斯卻足堪與以胸懷寬廣著稱的奧古斯都相媲美。

想要有所作為者，應該細細體會其中的真味：與眾不同，出奇制勝，是通向偉大的捷徑。

注：

①此人可能是維拉斯奎茲（Diego Velazquez），或為印象派先驅。

9. 興趣與事業的契合

孔子曰：「知之者不如好之者，好之者不如樂之者。」此處的「樂」指的就是興趣。興趣是最好的老師，因為有了它，人才會有執著的追求，才會變無效為有效，化低效為高效。

也許以君令皇命無力達成之事，興趣意向所至就能輕易而就。若國王分配粗活賤役——「你做農夫，你做水手，他們馬上就會絕望束手，即使是最為榮耀的職位，也不會有人心滿意足地去做。」可是如果讓人自行選擇，哪怕是做最鄙賤之事，他們也會工作得怡然自得。人的興趣和志向所造就的力量是多麼難以估算啊！如果興趣與其所從事的行業可以相得益彰，兩相配合，那麼凡事必將無事不成，無堅不摧（雖然興趣和事業完全契合的事一向罕見。）

人的興趣千變萬化，人的造化和稟賦也變化多端，它們如同面孔、聲音與氣質一樣，各不相同。赤安·柯提斯①如未改變職業，就不可能成為西班牙的亞歷山大、西印度群島的凱撒。他可能就以文人的身分終其一生，最高不過是文壇上的一個庸才。但赤安·柯提斯改行做了一名戰士，卻引導著他登上絕倫之頂，與亞歷山大及凱撒分庭抗立。

因此，明慎之人應該誘發出內在的潛能，而千萬不要強制改變自己天生的稟賦。一旦認識到自己特長所在，應該善加運用，使之淋漓盡致地發揮出來。

注：

①Heman Cortcs是十六世紀征服祕魯和墨西哥的西班牙殖民者。

10. 胸懷大志

自古英雄者，常胸懷大志，腹有良謀，有包藏宇宙之機，吞吐天地之志者也。普通人應以各行各業中的菁英與第一流人物為榜樣，記住，千萬不要摹仿，而是為了超越；不要亦步亦趨，而是為了以此為梯，勇往向前。

阿基里斯使亞歷山大耿耿於懷、夜不成寐，他睡在阿基里斯墓上，赫然警醒過來，揚名立業之心油然而生。這位偉大的馬其頓人一覺醒來而立宏圖大志，也頗為傷感，悵然泣下，然而並不是為阿基里斯已逝灑淚，而是為自己尚未建立阿基里斯的盛名而哭泣。

同樣，亞歷山大對凱撒也是一個挑戰，亞歷山大的成就不斷刺激凱撒的雄心壯志，使其不斷超越自我，最終獲得與亞歷山大一樣的盛名，獨自一人向西進攻，成就羅馬帝國的偉業。

三百六十行，行行有狀元，也有平庸低劣之輩。要像英雄一樣胸懷大志絕非易事，它不僅要求你有足夠的胸懷包攬一切，而且還要求你具備洞穿一切的眼光和目標遠大的宏偉大志。

11. 並非所有的缺點都是缺點

人們常說，自然的惡作劇可以成為完美可愛的傑作，譬如有些痣，雖然是人體皮膚上的一種缺憾，但也常被人稱為「美人痣」。可見有些缺點並不是缺點。亞西比德①化之為英勇，奧維德②處之以智慧，稱其為「健康之源」。臨危不亂、靜觀其變有時候可能招致懶散之名，但這種自信的恬靜，雖然不能以慎謀能斷的光亮照人，但一樣能取勝。

沒有日蝕，太陽何榮？沒有瑕疵，鑽石何貴？沒有利刺，玫瑰何豔？自然天成已經足夠了，就不要再用人工來雕飾。缺陷如果與個性相得益彰，也就無需做作而造成新的缺陷。

注：

①Aleibiades，雅典政治家，為人粗魯，以揮金如土，作戰如虎著稱。

②Ovid，古羅馬最偉大詩人，影響歐洲文學至深，賦予愛情在文學中的全新意義，《變形記》為其畢生代表作。

二、思辨篇

12. 修養

老聃云：知足常足，終生不辱；知止常止，終生不恥。修養就是一個人時時散發出來的流光溢彩的魅力。面對變幻莫測的運勢，能怡然自得保持樂觀的態度，我們稱之為修養；面對生老病死等無情的自然定律，老而益壯，積極面對，我們也稱之為修養。修養應該是用來補充天生的缺憾，用明慎的領悟力來觀察眾生萬物的。人為修養是對自然天工的一大補充，是人的第二再生，是在自然的基礎上添喜加彩，有時候超越於自然造化之外。

修養是在天性存在之外的另一個人為的世界，它是用來彌補天性的缺失，使天性更加完美。沒有人為修養，天性就會顯得粗拙，不修邊幅。無庸置疑，這是人在失樂園中的首要任務，創世主當初在眾生中擢選他為助手，並立為世界之主，就是要他耕耘、完美、潤飾這個世界。修養就是披加於自然之身的皇袍，它使天性的質樸生光增色。

13. 用心觀察事物

人自誕生在這個世界之時，心智之眼是閉著的，透過教化啟蒙獲得了新知，心眼才逐漸開啟。然而蹈常習故，心智被世故填滿了，根本沒有容納奇妙之心的餘地。因此，當人們看沒有獨特新意的東西時就不會感到驚訝、欽佩，無好奇欽佩之心也就難以停足注目，細細品味了，所以一般人看待的生活是平淡無味的。

然而明智之人則善於自我省思，善於將自己一切歸於零，倒空了，以一顆嬰兒的心態來感受世界上種種驚奇的事物，欣賞人生的完美，並充分提升自己的思想和靈魂，用豁達的心態來看待世事。

人們在美不勝收的園林裡閒庭漫步，若心有旁騖，苦惱著自己的塵世之事，那麼即使園林裡的草木再美、繁花再盛也當孰視無睹。直到偶然頓悟，再回首，四周環顧，目遊心賞，於是園中的一花一草一木莫不相映成趣。所謂智者之所以為智，就是因為他們不時回首人生之路，採擷人生的一切樂趣，用自己的心靈來感受世間萬物。即使不見新景，他們也會常生新意而創造新的境界。

14. 目的與手段

目的與手段的關係，歷來是謀略學的永恆主題。許多人庸俗低劣，錯亂萬端，其中之一就是將目的誤以為手段，將手段變成目的。本為暫時之物，變為持久，中途休息卻久居不走。他們在應該結局之處起步，在應為起步之處結束。造物主有先見之明，在人生百事之中放進快感作為媒介，使人在萬般辛苦之餘能有所解脫。祂明智謀劃，協助人們度過一切痛苦。然而人生惡意也正在其中。當他獸性發作時，比任何動物都更加不如，人性墮落，人格喪失，將快感變成了目的，人生變成達到這個目的的手段。他不為活而吃，卻是為吃而活；不再勞逸有度，卻好逸惡勞；不是為了繁衍族類，而是放縱淫欲；讀書研思不再是為了了解自己，而只為口舌之快；不是享受生活，而是為享受而生活。所以，萬惡皆以快感為首。快感成了癡念妄想的先鋒，口腹之欲的差役，情緒的幫凶；它拖著人狂走，讓他逞欲，忘乎所以。

人們一般認為，謀略家為達目的不擇手段。實際上，手段還是要進行選擇的。首先，手段取決於目的，這個目的一定要是正確的，有關國家大義的；其次，要看這個手段能否達成目的，如果手段本身的使用違背了目的，使用手段造成的負效大於目的應產生的效益，那麼這個手段是不應該採取的。

15. 了解自己的性格

西方有句名言：「性格即命運」，說的是一個人的性格特徵將根本性地決定著他未來的命運。性格是一個人對現實的穩定態度和從習慣化的行為方式中表現出來的個性心理特徵。目前為止，還沒有哪種性格或才智適合一切事業。性格和事業不是彼此不合，就是不能容納所從事的事業。有時候，我們因自負或責任感而迷失，以致性格與所從事的事業完全相左。在戰場遭羞蒙恥的人，側身廟堂卻可能智足謀國。奇隆①曾說過這樣一句話：「先求自知，而後勤力致用。」

明智之人，知的第一步應是自知。順養氣性，尊重理智……與自己的氣質相逆往往得到的只是惡果。悖逆個人品位、才智與運勢之水而行舟，是致命的折磨。

這種順逆之理，放在治理國家與城市也同樣適用。行為往往比天時更重要。羅馬也不是適合一切性格與才智的人，在學問之尹科林斯②，也並人人得其所求。即使是在同一城市，某些人以之為家，而另一些人則有如客居，即使我們偉大的馬德里，因為有偉大的菲力浦而成為連接東西世界之母，但在某些人眼裡也不過是個後母。一個人能找到自己天然中心是何其幸福！烏鴉不在繆斯③之間築巢，智者也很少在喧囂的鬧市中，明慎之人不與芸芸眾生為伍。

在不同的種族和國家之間，性格和習俗的吸引和排斥也值得我們深思。眾生和睦相親，自然是皆大歡喜，但卻根本不可能。各個民族，有的高傲可憎，有的輕浮可厭，有的多詐，有的野蠻，誰能消受得了？除非我們自己出身在這種民族，在他人看來不堪忍受的，而我們完全能接受。

注：
① Chilon，希臘七聖哲之一。
② Corinth，希臘城市，凱撒將之作為羅馬政權，在希臘的中心。
③ Muses，希臘神話中掌管詩、才藝的九位女神。

16. 知道自己的最高稟賦所在

每一個人在世上都是獨一無二的，每個人都有自己天生的稟賦。如果懂得自己的優勢所在，而且得以適當地發揮，那麼你的命運和前程將會是另一片天地。

有人唯自己心靈是從，有人唯理智是依。最愚蠢的莫過於以勇武有力見長卻皓首窮經，做個學究；天生富有機巧智慧卻去衝鋒陷陣。

孔雀應以其美麗的羽毛而自足，老鷹應以能翱翔於天而自得，至於鴕鳥，如果想高飛，就會有墜落在地喪命的危險，這樣做未免太荒謬，應該引以為戒。其實，牠未嘗不可以隨性而安，以自己身材形狀的奇異而感到自豪。人天生的稟賦如果能夠得到善用，應該沒有一個不功成名就的，然而能夠做到這一點的人卻寥寥可數。這些人於是也就博得了難能可貴的稱譽，因為他們成就獨特，能力非凡。

17. 廣見博識

孔子將益友分為三類，即正直的朋友，誠實的朋友、廣見博識的朋友。廣見博識，即指人見識廣、知識淵博。與此類人為友，有如翻開一本厚厚的百科辭典，我們總能從他的經驗裡面，得到對自己有益的借鑒。

有人文質彬彬，談吐不凡，學養深厚，氣韻非凡，走到哪裡都處處受歡迎，並且也用心與那些好奇之人交遊相處。這種人其學養並非讀書可得，也非大學學府能夠傳授的，而是在良好品位的舞臺上與智慧非凡的講堂中修來的。

知識不是封閉的，它是在學多識廣的遊處交談之中，由智者相互傳承濡染的，傳統將知識如寶藏般傳給求知者。

海克力斯的慎思明慮所取得的勝利多過其勇武有力；他口中閃現的句子，比他手上的令人恐懼的棍棒能贏得更多的讚賞。他用後者來馴怪降魔，用前者來智擒聰明的對手，使其臣服於他雄辯的魅力之下。許許多多為海克力斯所降服的多為英勇之士。

每個時代都有勤奮與睿智之士，所謂後浪推前浪。但古人先行一步，佔得權威，令今人猶生妒羨之心。輕易可取是名聲的大敵，許多神奇的事物一旦為人所接近，原有的美譽盛名馬上就消失了。褒貶是隨時隨地轉移的，人們往往褒賞那些遠離自己的東西，輕賤貶低那些靠近自己的東西。

18. 凡事一以貫之

明智之人，凡事都能一以貫之，即使權位無定，但所追求的目標始終能保持一貫性。必然之勢能影響他們的力量，但不能左右他們的情緒，他們屈服於形勢之前，定會將各種各樣的事情安排妥當，藉此來表心明志，讓人們知道所有的改變乃形勢所逼，並非自己恣意妄為。

一貫性不僅僅有助於接人待物，也有助處理美德。狄米特流斯①因為多變而遭致許多非議。他日新月異，天天不同，戰爭時期更是迥異於和平年代。身為戰士，他是武德的表率，而天下太平之時，則被視為惡行魁首。戰時，他與美善為友，和平時期則對美善宣戰。

但善變之荒誕，無過於尼祿。他不懂得自我節制，而是恣意放縱自己。

善變的情況有兩種，有的人與良知對抗，有的人則純然屈服其自身的劣根性。

由壞變好十分可嘉，好而更好，則更是美事。但一般變化大多是由好變壞，因為人們常常看見的只是邪惡之面，美德只見背影。惡來，善即去。

有人說，世界本身就是善變的，一切當然多變不專，人的稟性應順應自然。大地也以有山有谷的變化來顯示自己的壯麗。然而一切善變都比不上時間，時間時而戴花，時而披霜。整個宇宙也是在和諧中發生變化，所謂醜，也許不是醜，而是由種種不濟構成的完美比例。否則，搖擺無定的精神更沒有完美可言了。如此來定義完美，是不合乎天體之道的。

注：

① Demdrius1，馬其頓王，西元前三世紀末統治馬其頓。

19. 善於選擇

時至今日，人類所有知識的精華，在於知道如何做出合理的選擇。新知新見已經越來越少，甚至完全沒有了，在一些最重要的事情上，任何新穎的東西都應該加以置疑。我們可以說是身在末世，回首從前，黃金時代的人們擅長於發明，後人不過是錦上添花而已；今天的一切無非是重復舊有。所有事物都已取得了足夠的進步，只看如何選擇。

我們在選擇中生活，並且選擇過充足的人生，這是自然能給我們最重要的稟賦。只有少數人獲此天賦，因此顯得加倍的珍貴。每天我們都能目睹那些心智精微、判斷敏銳的人；認真、博學多聞的人——一旦遭遇抉擇時，所表現出的那種茫然無措。他們經常做出最壞的選擇，自足於最無意義的生活，自安於最為不值的事物，而被那些明達之士所鄙薄，為凡大俗尹所輕視。他們做任何事都不成功，得不到掌聲，也得不到好感。因此一個人如果不能做出明智的抉擇，任何努力與才華都毫無益處。

20. 淺嘗輒止與藏而不露

再可口的美食品嚐多了，美味就會減弱，吃得越頻繁，就越膩煩，最好是淺嚐輒止，留下一些胃口，等到饑餓的時候再品嚐，口腹之欲如此，精神之樂又如何呢？品嚐者越識味，其要求就越迫切；越是卓越難得的東西價值就越大，最難得的，評價也就最高。

卓越的東西越是藏而不露，退而不顯，追求的人就越多；名聲越謙抑，越見其精彩。任何事情保持節制都有利於健康。譬如少在大庭廣眾前過多露面，則可以保全聲譽。美貌也是同樣的道理；處處炫耀，不分場合，久而久之會被冷落，最終甚至為人所鄙夷。

一位偉大的女性深知這種流於庸俗的危險，並且極善於利用自己的美貌，她就是尼祿的妻子波巴伊。她在公眾場合露面時極盡巧妙，有如打牌一樣慢慢逐一翻開底牌。今天遮眼，明日覆額，要麼捂住嘴巴，要麼蓋住雙頰，從來不將自己的美貌一展無遺。但人人皆知她的美麗，因而更是美名遠揚。

第二部 《自己拯救自己》

薩繆爾・斯邁爾斯

《自己拯救自己》是西方成功學的開山之作。全書以古訓：「自助者，天助之」貫穿始終，透過各界歷史名人生動而具體的事例，論述了一個人的幸福與成功皆來自於自我塑造。

在作者斯邁爾斯看來，貧困並不可怕，可怕的是人沒有自立的精神。因為「如果我們永遠不能自立，我們將永遠不能擺脫貧困。只有自立的人格力量才能拯救自己」。

本書在英國先後再版達一〇一次，發行量突破八百萬冊；在美國更引起巨大震動，拿破崙・希爾、戴爾・卡內基等勵志大師都從本書中獲取精神力量，一八七一年，該書在日本出版，發行達一百五十多萬冊，成為日本人最喜愛的書，該書是到目前為止世界上最受歡迎的勵志書之一。

作者簡介
薩繆爾・斯邁爾斯

薩繆爾・斯邁爾斯（一八一二～一九〇四），英國十九世紀最偉大的道德學家之一，著名的社會改革家和膾炙人口的散文隨筆作家。

西元一八一二年十二月二十三日出生於蘇格蘭愛丁堡附近的哈爾頓。他的一生閱歷十分豐富，先後當過醫生、商人、攝影師、隨筆作家、歷史學家、記者、編輯、社會改革家、鐵路大臣、公眾道德家、演說家。

豐富的閱歷成為斯邁爾斯創作的堅實基礎。在他的一生中寫過許多膾炙人口的人生隨筆作品，其中最著名的作品有《自己拯救自己》、《品格的力量》、《金錢與人生》、《人生的職責》等。這些作品在全球暢銷一百多年而不衰，其中蘊涵的思想，對西方乃至世界許多國家近現代道德文明的發展，皆有著深遠影響。其作品改變了億萬人民的命運，成為世界各國年輕人最喜愛的人生教科書。

他這幾本人生叢書被譽為「聖經第二」、「高貴情操的精神堡壘」、「人類最偉大的靈魂書」，深刻地闡明人的一生中，幸福生活必定而且主要依靠自己的努力——依靠自己的勤奮、自我修養、自我訓練和自律自制；但首先是靠誠實正直的履行自己的職責，這正是人類品行的光輝所在。

一、自立者天助

1. 自己救自己

這裡有一則寓言故事：

有一個窮人為農場主做事。有一次，窮人在擦桌子時不小心碰碎了農場主一只十分珍貴的花瓶。

農場主向窮人索賠，窮人哪裡能賠得起。最後被逼無奈，只好去教堂向神父請其給予指引。神父說：「聽說有一種能將破碎的花瓶黏起來的技術，你不如去學這種技術，只要將農場主的花瓶黏得完好如初，不就可以了。」

窮人聽了直搖頭，說：「哪裡會有這樣神奇的技術？將一個破花瓶黏得完好如初，這是不可能的。」

神父說：「這樣吧，教堂後面有個石壁，上帝就待在那裡，只要你對著石壁大聲祈禱，上帝就會答應你的。」

於是，窮人來到石壁前，對石壁說：「上帝請您幫助我，只要您幫助我，我相信我能將花瓶黏好。」

話音剛落，上帝就回答了他：「能將花瓶黏好，能將花瓶黏好……」

窮人聽後信心百倍，辭別神父，去學黏花瓶的技術去了。

一年以後，這個窮人經過認真地學習和不懈地努力，終於掌握了將破花瓶黏得天衣無縫的本領。他真的將那個被花瓶黏得像沒破碎時一般，還給了農場主。所以他要感謝上帝。神父將他領到了那座石壁前，笑著說：「你不用感謝上帝，你要感謝就感謝你自己。其實這裡根本就沒有上帝，這塊石壁只不過是塊回音壁，你所聽到的上帝的聲音，其實就是你自己的聲音，你就是你自己的上帝。」

從這則故事中，我們可以看出沒有人能解救你，除了你自己拯救自己。人活在世上，難免會遇到各種困難，這時你需要自立，因為世上沒有比自立更有價值的東西了。如果你總是不斷地從別人那裡獲得幫助，那麼你終將失去維持生存的力量和勇氣，最終將難以自保。反之，如果你依靠自己，獨立地思考和處理問題，你將會變得日益堅強。有時候你可能會覺得外部的幫助是一種幸運，但是，這種幸運常常有可能是禍根，因為授人以魚不如授人以漁。魚，僅能解一時之饑；而捕魚的本領卻能讓人終生不受饑餓困擾。

有一句俄國諺語說：神賜予我們核桃，卻不會幫我們打開它。上蒼對每一個人都是公平的，當祂給你機會、幸運的同時，往往會包裹著帶刺的外殼。你只有自己想辦法去剝開外殼，才會享受到裡面的幸運。這就需要自立。自立表面上是不依賴別人、依靠自己的努力做事的精神品質，實際上它是一種自我生存的意識和能力。

當一個人具有自立的意識和能力，他不僅對社會有好處，而且對自身的健康發展也有利。人一旦擁有自立的意識和能力，便比較容易適應社會，能夠把握機遇，發展自身。

有很多殘疾人，他們雖然肢體不健全，但生活卻能自理，而且很多還自強不息，開創出自己的一片天地。面對他們，我們作為一個身體健全、能夠正常工作的人在遇到困難時，還總是企望別人的幫助，豈不是荒謬透頂了嗎？

有很多父母們總想給他們的子女創造最優越的條件，為了不讓他們奮鬥得過於艱辛，就處處翼護著他們，使他們免受一絲一毫的委屈。殊不知，這種做法在不知不覺中已經毀掉了孩子的前程。

一位從非洲回國的朋友講述了這樣一個故事：

在非洲遼闊的草原上，母獅通常在小獅子出生後三個月的時候，把小獅子叼到深谷，讓牠在困境中學會掙扎求生。在殘酷的現實面前，為了求生，小獅子不得不掙扎著一步一步從深谷之中爬出來。從此在牠幼小的心靈中會清楚認識到「不依靠別人，憑自己的力量前進」的道理。自己掌握自己的命運，自己用行動來證明自己的未來。

自立是成功之門的鑰匙。任何一個人什麼都可以沒有，但是不能沒有自立的精神。一個人如果具有連自己也不敢相信的潛能和智慧，自立就是幫助你開啟自己潛能和智慧的鑰匙。

一旦你擁有自立，你才會自信，才會發現自己原來有那麼大的能量，你原來有著與那些傑出的人一樣的機會，你也可以成為一個傑出的人，以前只是自己的才能沒顯現而已。當你相信自己是一個不凡的人，相信自己是一個可以自立的人，相信自己是一個無須依賴他人的人，變得自立自信的時候，成功的大門就在你的面前敞開了。

2. 成為掌握自己命運的主人

二十世紀最偉大的管理學大師杜拉克曾說：「二十一世紀每個人都可以掌握自己的命運。關鍵看你自己是不是願意把自己的命運掌握在自己手裡，以及你是否具有那種掌握命運的知識！」。要掌控自己的命運，首先就得認識你自己。「認識你自己」是幾千年前古希臘哲學家蘇格拉底提出的著名論題，他認為認識自己的目的在於認識最高真理，達到靈魂上的至善。

在我國，古人也對這個論題進行了鞭辟入裡地闡述。老子曾曰「知人者智，自知者明」；大軍事家孫子也有「知己知彼，百戰不殆」的名言傳世。可以說，從古到今，人們對於自我的認識始終處於一個無盡的探索之中。特別是隨著現今社會經濟的迅猛發展和就業形勢的急劇變化，人們在社會中越來越難以找到合適的、理想的自我生存位置，嚴峻的形勢再次將「認識自我」這個千年論題擺到了台前。為了更好地生存，為了自主地掌握自己的命運，我們需要做好自我分析。

只有經過自我分析，我們才能更好地掌握自己的命運，規劃自己的未來之路。有一個生活平庸的人，帶著對命運的疑問去拜訪禪師，他問禪師：「您說真的有命運嗎？」「有的」，禪師回答。「是不是我命中註定窮困一生呢？」他問。禪師就讓他伸出左手掌，指出命運線的位置，然後禪師又讓他跟著自己做一個動作，他的手慢慢地握起來，握得緊緊的。禪師問：「你說命運線在哪裡？」那人迷惑地說：「在我的手裡啊！」這時他恍然大悟了。

原來當你握住你的雙手時，就等於掌握了你的命運，也就相當於掌握了所有關於成功、財富、幸福、愛情、健康、心靈等方面的事情。這位智者的答案，同時也提醒我們每一個人：一個人的發展及未來的命運，不是依靠外力來左右的，那種期盼貴人相助或借助外力來改變自己的命運，是不切實際的。而掌握自己命運的力量是來自於自己，只有挖掘出自身存在的潛在創造性的潛能，才能永保青春活力，成為一個成功者。

千萬不要把自己的命運交託在別人身上。人，要靠自己活著，而且必須靠自己活著。在人生的不同階段，我們應盡力達到理應達到的自立水準，擁有與之相適應的自立精神。這是當代人立足社會的根本基礎，也是形成自身「生存支援系統」的基石。因為缺乏獨立自主的個性和自立能力的人，連自己都管不了，還能談發展、成功嗎？即使你的家庭環境所提供的「優越地位」是高於常人，你也必得先降到凡塵大地，從頭爬起，以平生之力練就自立自行的能力。因為不管怎樣你終將獨自步入社會，參與競爭，你會遭遇到遠比學習、生活要複雜得多的生存環境，隨時都可能出現或面對你無法預料的難題與處境。你不可能隨時動用你的「生存支援系統」，而是必須得靠自己頑強的自立精神克服困難。

因此，我們要做生活的主角，不要將自己視為生活的配角；要做生活的編導，而不要讓自己成為一個生活的觀眾；要善於掌握自我命運。生活道路上，必須善於做出抉擇，不要總是讓別人推著走，不要總是聽憑他人擺布，而要勇於駕馭自己的命運，掌控自己的情感，做自我的主宰，做命運的主人。

要掌握自己的命運，從近處說，就是要自立自主地選擇學校，選擇書本，選擇朋友，選擇服飾，從遠處看，則要不被種種因素制約，自主地選擇自己的事業、愛情和崇高的精神追求。因為你的一切成功，一切造化，完全決定於你自己。只有明白了自己的所需，掌握了前進的方向，你才能距離目標更近一步。你不得不獨立思考，獨抒己見。你不得不有自己的主見，懂得自己解決自己的問題。你不應相信有什麼救世主，不該信奉什麼神或上蒼，你的品格、你的行為，就是你自己的產物。

想想看，人若失去自己，那將是天下最大的不幸；若失去自主，則是人生最大的陷阱。紅橙黃綠藍靛紫，我們每一個人都應該有自己的一方天地和特有的色彩。相信自己、創造自己，永遠比證明自己更重要。你無疑要在這騷動的、多變的世界面前，打好自己的牌，勇敢地亮出你自己。你應該果斷地、毫不顧忌地向世人宣告並展示你的能力、你的風采、你的氣度、你的才智。

自主的人能傲立於世，能力拔群雄，能開拓自己的天地，得到他人的認同。勇於駕馭自己的命運，學會控制自己，規範自己的情感，善於佈局好自己的精力，自主地對待求學、擇業、擇友，這是成功的要義。要克服依賴性，別總是任人擺布自己的命運，讓別人推著前行。

二、天道酬勤

1. 勤奮成就人才

古人云：勞謙君子，天道酬勤，說的就是上天偏愛於勤奮的人們。勤奮，歷來為我國古人所讚揚：囊螢映雪，懸樑刺股，鑿壁引光，聞雞起舞，這些典故都是古人對勤奮的最好注釋。世人曾傳李白寫詩有鐵杵磨成針之毅力，王羲之練書法寫乾了九缸的水。可見勤奮的力量是多麼偉大，它能變沙漠為綠洲，讓平凡的人脫穎而出，成就傳世英才。

有這樣一則故事：

一位勤勞的農夫在一塊無人肯播種的荒地上辛勤工作。過路的人看到他在這塊堆滿了磚頭、瓦片和鏽鐵而地下生滿樹根的瘦地裡挖土，便嘲笑他說：「喂，老頭，你是在挖金子吧！」一晃幾年過去了，到了收穫時節，農夫滿懷喜悅地在田裡收穫。

這時，一位趕著牛車的年輕人對老農喊道：「喂，老爺爺，你哪輩子積了大德，上天恩賜了你這麼一塊肥沃的土地。」農夫擦了一把臉上的汗珠，大聲回答：「年輕人，上天恩賜我這塊寶地時，人家都在罵我是個傻瓜。」

就是這個「傻瓜」，透過辛勤勞作收穫了最終的成功，也是勤勞讓他向世人證明了自己的能力。世界上許多最偉大的成就都是一些普通人經過不懈努力獲得的。美國傑出的政治家丹尼爾・韋伯斯特，在七十歲生日時談起自己成功的祕密時說：「努力工作使我取得了現在的成就。在我一生中，從來沒有哪一天不在勤奮地工作。」政治家亞歷山大・漢彌爾頓也說：「有時人們覺得我的成功是因為我的天賦，但據我所知，所謂的天賦不過就是努力工作而已。」

居里夫人在法國讀書時，每天早晨總是第一個來到教室；每天晚上幾乎都在圖書室度過。圖書室十點關門，回到自己的小屋後，她在煤油燈下繼續讀書，常常到夜裡一、兩點鐘。所以，勤奮的工作被稱為「是成功降臨到個人身上的信使」。

然而現實生活中，人們總是輕視每天的反覆工作，責怪命運的盲目性，認為每天的重複性工作除了浪費自己的時間外，沒有任何真正的樂趣。殊不知就是這些最普通的事情，每天不停的努力所產生的效果卻是驚人的。我們看拉小提琴似乎是件簡單的事，然而要達到爐火純青的地步，又需要多麼長時間反覆地練習呀！當一個年輕人問卡迪尼學拉小提琴需要多長時間，卡笛尼說：「每天十二小時，連續十二年。」

勤奮是金，它能逆轉許多不可能為可能。那麼這勤奮中也有執著的堅持和對自己成功的自信。我們知道，進步並非一朝一夕之事，任何偉大的業績不可能一蹴而就。千里之行，始於足下。沒有播種就沒有收穫，收穫往往必須耐心地、滿懷希望地持久等待；最甜的果子往往在最後成熟，堅持就能看到勝利。身陷逆境的韃靼人學習蜘蛛不達目的誓不甘休的故事家喻戶曉。

美國鳥類學家奧多本講述自己的一段經歷與之相比也絕不遜色。他說：

一次偶然，這與我保存的二百多幅鳥類原畫有關，它幾乎使我放棄了鳥類學研究。我詳細記述這件事，只想表明勇氣是多麼的重要——我無法以其他方式大聲說明我不屈不撓的毅力，我講出來是為了使自然保護者克服最令人心痛的種種困難。我在俄亥俄州的一個小村子待了幾年，後來因為有事去得費城，臨走前，我把我繪製的草圖小心地放進一個木製盒子裡保存起來，交給了一位親戚，並再三叮囑不要損壞了這些東西。幾個月後，我回來了，連續幾天與家人暢敘共享天倫之樂，隨後，我詢問那只箱子，我多麼想見我的寶貝。親戚把木箱拉出來，打開一看，一對老鼠已在裡面做了個窩，在滿箱子的碎紙屑中哺育了一群幼鼠，僅一個多月時間，牠們好像已居住千年之久。一股無名之火衝上心頭，一連數天，我極其煩躁，度日如年，只得睡覺解悶。隨著時光的流逝，怒氣漸漸消失，煩惱也煙消雲散，我又重新鼓起勇氣，揹上槍，帶上筆和筆記本，就當什麼也沒發生過，高高興興地向山林出發。我真為自己能比以前做得更好而高興，不到三年，我又重新完成了自己的作品。

其實，何止奧多本有不屈不撓的精神，歷史上許多傑出科學家和發明家的一生都是這種持之以恆、勇往直前精神的最好闡述。在為年輕人演講時，火車頭的設計與發明者喬治・史蒂芬遜經常把自己的建議總結成一句話：「不達目的誓不甘休。」他花了十五年時間改進火車頭，最後在萊希爾取得了決定性成果。而瓦特發明蒸汽機用了足足三十年。

這裡不禁想起在報紙上看到的一則故事：

一位著名的推銷大師做告別職業生涯的演說。那天，會場座無虛席，人們在熱切地等待著這位最偉大的推銷大師做精彩的演講。當大幕徐徐拉開，舞臺的正中央吊著一個巨大的鐵球。推銷大師走到台上，他請兩個年輕人用一個大鐵錘去敲打那個吊著的鐵球，直到把它盪起來。

一個年輕人搶著拿起鐵錘，拉開架勢，掄起大錘，全力向那吊著的鐵球敲去，一聲震耳的響聲，那吊球動也沒動。他就用大鐵錘接二連三地不停敲向吊球，很快他就氣喘吁吁。另一個人也不示弱，接過大鐵錘把吊球打得叮噹響，可是鐵球仍舊一動不動。所有觀眾都認定那樣做是徒勞的。

這時老人從上衣口袋裡掏出一個小錘，然後認真地對著那個巨大的鐵球「咚」敲了一下，然後停頓一下，再一次用小錘「咚」敲了一下，就這樣持續地做著。幾十分鐘過去，會場早已開始騷動，人們用各種聲音和動作發洩著他們的不滿。老人仍然專注地敲打著，好像根本沒有聽見台下的騷動。人們開始忿然離去，會場上出現一個又一個空位。

大概在老人進行到四十分鐘的時候，坐在前面的一個婦女突然尖叫一聲：「球動了！」剎那間會場立即鴉雀無聲，人們聚精會神地看著那個鐵球。那球以很小的擺幅動了起來，不仔細看很難察覺。老人仍舊一小錘一小錘地敲著，吊球在老人的敲打中越盪越高，它拉動鐵架「匡、匡」作響，巨大威力強烈地震撼著在場的每一個人。終於場上爆發出一陣陣熱烈的掌聲。在掌聲中，老人轉過身來，慢慢地把那把小錘裝進衣袋裡。

當記者問老人成功的祕訣時，老人只說了一句話：在成功的道路上，如果你沒有耐心去等待成功的到來，那麼，你只好用一生的耐心去面對失敗。

我們每個人來到世上，儘管有種種牽掛、職責和義務，但它仍然能為人們提供各種最美好的人生經驗。對那些勇於開拓者來說，生活總會給他們提供足夠努力的機會和不斷前進的空間。人類的幸福之路就在於沿著已有的先賢們留下的道路奮進。天道酬勤，那些持之以恆、勤奮工作的人往往能獲得最終的成功。

2. 勤奮高於天賦

人們常說：一分耕耘，一分收穫。要想成就事業，必須得勤奮。勤奮的人未必要有良好的天賦，但有天賦的人如果沒有勤奮肯定是不會成功的。這一點從很多事實中都得到了證明。

卓越的京劇大師梅蘭芳先生年輕時拜師學戲，師傅說他天賦不好，根本不是學戲的料，不肯收留。為了彌補自己天資的缺陷，梅蘭芳以後更加勤奮練功。僅僅為了練眼力，他特意餵養鴿子，每天雙眼緊跟飛翔的鴿子，窮追不捨；同時他還養金魚，每天雙眼緊跟嬉游的金魚……後來經過勤奮刻苦地訓練，他的雙眼練得閃閃生輝、脈脈含情，為以後京劇事業的發展打下了堅固的基礎。

儘管梅蘭芳天賦不高，但由於他後天的勤奮彌補了自然的缺陷。因為勤奮，他最終成為了一代京劇大師。反之，那些因有先天之天賦，後天卻懶惰而荒廢事業的故事也比比皆是。

「江郎才盡」相信盡人皆知，傳說江淹年輕時很會作詩，被喻為「神童」，由於後來自負天資高，不習詩文，以至年老時竟寫不出詩來了。

沒有人能只依靠天分成功。上帝給予了天分，不是讓你炫耀，而是讓你主動將勤奮轉變為天分，進而成為天才。無怪乎斯邁爾斯說：「天才需要勤奮，就像勤奮成就天才一樣。」當然，有天分的人只是少數，芸芸眾生中天賦一般的人還是佔大多數。只要付出勤奮的勞動，就一定會有成果。

曾國藩是中國歷史上最有影響的人物之一，他的《曾國藩家書》至今對現代人仍產生著巨大影響。然而他並沒有極高的天賦。

有一天曾國藩在家讀書，對一篇文章重複不知多少遍了，還是沒有背下來。這時候他家來了一個賊，潛伏在他的屋簷下，希望等曾國藩睡著之後撈點好處。可是等啊等，就是不見他睡覺，還是翻來覆去地讀那篇文章。

賊人最後等得不耐煩，大怒，跳出來說：「這種水準讀什麼書？」然後將那文章從頭至尾背誦一遍，揚長而去！

我們不得不說賊人的天資要比曾國藩高，但是他只能成為賊，而曾先生卻為近代因勤奮而有大成就的人。

「勤能補拙是良訓，一分辛苦一分才。」那賊的記憶力固然真好，聽過幾遍的文章都能背下來，但是遺憾的是，他名不見經傳，沒有發現自己的這點天賦，並加以利用，所以最終只能落得個不知所終。

當然天賦在個人成功的道路上也有著不可忽視的作用。如果沒有超人的天賦，不論怎樣勤奮和發揮個人智慧，也難以成為莎士比亞、牛頓、貝多芬。

那麼，對於個人成功，到底是勤奮還是天賦產生至關重要的作用呢？其實只要翻一翻偉人的傳記，我們就會發現，許多傑出的政治家、發明家、藝術家、思想家都把他們的成功歸功於不屈不撓的努力和專注。他們都是珍惜生命、惜時如金之人。年輕的狄士累利認為要成功就必須精通所學科目，要掌握它們，只有透過持之以恆的傾心鑽研。

因此，推動世界進步的人，嚴格地講，並不是那些天才，而是那些資質平平卻勤奮異常、不知疲倦之人；不是那些天資卓越、才華橫溢之人，而是那些不論在哪一行都勤勤懇懇、埋頭苦幹之人。缺乏毅力恒心，天才也難於超越平庸之輩，甚至智力遲鈍之人。正如義大利諺語所云：「走得慢但能堅持的人才能走得更長、更遠。」

英國十二歲的音樂天才普賴爾，從小智商就有一四四，按照智商的分級標準，這屬於非常優秀的等級。但普賴爾認為自己的成績首先來自平時刻苦勤奮的學習，其次才是天賦的作用。他每天要花費大量時間在音樂練習和創作上，並且幾乎每個週末都要去演出。短短幾年時間裡，普賴爾已經創作了三部法國大號協奏曲、三部交響樂、兩部分別紀念德國音樂家華格納和特拉法爾加海戰的交響詩。目前，他正著手根據普希金的一首敘事詩創作一部歌劇。

勤奮成就了普賴爾的成功，天賦加速了普賴爾的成功。在勤奮與天賦之間，勤奮顯然高於天賦。

三、力量和勇氣

1. 每個人都擁有巨大的力量和勇氣

從古至今，任何一民族都表現出了對人的力量與勇氣的推崇，這在古代神話故事中屢見不鮮。勇力過人的英雄或神往往能夠做到「泰山崩於前而不動，猛虎嘯於後而不驚」，雖然大敵當前，險象叢生，卻也能處之泰然，安之若素，無所畏懼。古希臘神話中的大力士海克力斯就是這樣一位英雄，相傳他在搖籃中就扼殺了一條水蛇。成年以後，他曾殺死過有九個頭的毒龍和長著蛇頭的女妖美杜莎，甚至還到冥界打敗了冥王哈迪斯，把被囚的忒修斯救回人間；古羅馬人更以力量和雄心著稱，他們常以戰神的後代自居，並以狼為圖騰。從古羅馬競技場的建立到狼孩的傳說，羅馬的文化從一開始就打上了英雄主義的烙印。同樣在亞洲的中國，古代民間傳說中的英雄也無不是力大無比、勇氣超人、視死如歸的化身：女媧為了拯救處於水深火熱中的人們，冒著生命危險用五色石補天；夸父為了永留陽光，不辜負族人的希望，不惜冒著生命危險去天邊追逐太陽；大禹為了解除黃河流域的水災，三過家門而不入等等，借助於這些神話故事，人類無不表現出其對於力量和勇氣的永恆讚美。

有了力量和勇氣，人類無所不懼，即便在最為不可能的情況下，也能轉危為安，轉敗為勝。《史記》卷七記載的秦末鉅鹿之戰就是個最好的例證。

秦朝末年，秦軍大將章邯攻打趙國。趙軍退守鉅鹿，並被秦軍重重包圍。楚懷王封宋義為上將軍，項羽為副將率軍救援趙國。由於上將軍宋義按兵不動，項羽對此十分不滿。況且軍中糧草缺乏、士卒困頓，軍心渙散。項羽當即當斷，斬殺了宋義，並親率所有軍隊全數渡黃河前去營救趙國以解鉅鹿之圍。項羽在全軍渡黃河之後，下令把所有的船隻鑿沉，打破燒飯用的鍋，燒掉自己的營房，只帶三天乾糧，以此表示決一死戰，沒有絲毫後退的打算。士兵在這樣毫無退路的情況下，面對力量懸殊近十倍的敵人，只能以一當十，奮勇殺敵。經過九次的激戰，楚軍最終大破秦軍，獲得鉅鹿之戰的勝利。

如果當時項羽沒有足夠的勇氣和意志的話，他是不會做到破釜沉舟的。可以說，項羽是在特殊情況下，運用特殊的心理激勵法，以弱勝強，贏得了鉅鹿之戰的勝利。

其實，我們每個人都擁有巨大的力量和勇氣，只不過因為受到各種客觀條件的限制，人們所展現出來的力量和勇氣不同而已。胡達．克魯斯七〇歲開始學習登山，之後二十年矢志不渝，堅持攀登，竟以九十五歲高齡登上了日本的富士山，創下攀登此山的最高年齡紀錄。

這是人在積極心態的鼓舞下挑戰自我，而開發出來的巨大力量和勇氣，一位因戰爭致殘，坐輪椅達十二年之久的美國大兵路遇劫匪，當劫匪兇殘地點燃他賴以行動的輪椅時，他竟然能拋開輪椅，狂奔數百公尺。這是人在絕境或遇險情況下爆發出來的力量和勇氣。其實對很多人來說，要想獲得最終的勝利，除了自身擁有必備的力量與勇氣，還必須具備堅強的意志力和足夠的智慧。

具有堅強意志力的人，就會擁有巨大的力量，無論他們遇到多大的艱難險阻，都能克服困難，消除障礙。就像在滑鐵盧擊敗拿破崙的威靈頓將軍一樣。可行的目標一旦確定，就必須迅速地付諸實施，並且堅定不移。足夠的智慧同樣也是保證力量和勇氣的泉源。再次說到西楚霸王項羽，他力可拔山，勇可當敵，即使是在「四面楚歌」之中，窮途末路之際，還說自己「力拔山兮氣蓋世」，其勇氣實屬難當。但是，其政治技巧低下，軍事謀略缺失，且剛愎自用，頑固不化，最終落得個「烏江自刎」的結局。

勇氣和力量可以幫助我們完成意想不到的事情，但光有力量和勇氣還遠遠不夠，還必須兼備足夠的智慧和謀略。

當然，沒有勇敢的奮鬥，也是不可能獲得真正有價值的成就的。人們把自己的成功主要歸功於遇到困難時意志的積極奮鬥，即所謂的努力。令人吃驚的是，許多貌似絕無可能實現的結果，經過人們的努力，最終出人意料的變成了現實。強烈的預感本身會把可能變成現實，我們的期望往往就是事情的先兆，而我們能夠實現這種先兆。另外一方面，膽小懦弱、猶豫不決者卻發現每件事都不可能，主要因為看上去就是這樣。

據說，有一名法國軍官常常在自己的公寓附近散步，並且總是喜歡叫道：「我要成為法國的元帥，成為一個偉大的將軍。」他的這種強烈願望是他成功的先兆；因為後來這個年輕軍官確實成了一名著名的司令，他死時是法國的元帥。

2. 決心，力量和勇氣的推手

「有志者，事竟成」這句諺語流傳已久。一個人如果下定決心做某事，那麼他就會憑藉這種決心，跨越前進途中的種種障礙，成功就有了堅定的保證。相信自己能夠成功，往往就會成功，成功的決心就是成功的本身。因而，堅定的決心往往似乎具有無窮的威力。

蘇瓦諾性格特徵的力量就在於他的意志的力量。和大多數性格堅強的人一樣，他對意志的力量高聲讚揚。他總是對失敗者說：「你沒有完全的決心。」與拿破崙一樣，在蘇瓦諾的字典裡沒有「不可能」一詞。「我不知道」，「我無能為力」和「不可能」是蘇瓦諾最為憎恨的幾個詞，他會大聲地說：「去學，去做，去嘗試。」他的傳記作家曾經說，他為世人做了一個光輝的榜樣，證明了增強活力和鍛鍊能力會對人生帶來怎樣的影響，而這些活力和能力的萌芽就在人的內心深處。

拿破崙的座右銘之一是：「最真實的智慧就是果斷的決心。」他自己不同尋常的一生生動地展示了無所不能的強大意志會產生什麼樣的輝煌。他全心地投入到自己的工作中，在他面前，一個個無能的統治者和國家一一崩潰。

有一次，有人報告說，阿爾卑斯山擋住了軍隊的去路，他說道：「我沒看見阿爾卑斯山。」於是，一條通過西普隆德島的通道被開鑿出來，那一地方以前幾乎不可攀越。「不可能，」他說：「這是個只能在無能的人的字典中才能找得到的字眼。」他的精神深深地感染了其他人，給其他人的生命注入了新的活力。同樣，在西元前五十五年，羅馬的凱撒大帝也同樣憑著自己果斷的決心，在征服高盧之後來到不列顛，為了使士兵們知道他絕不退卻的決心，凱撒當著士兵們的面，將所有運載的船隻全部焚毀。就是憑著這種堅定的決心，在短短三年內凱撒將整個英格蘭牢牢地控制在羅馬手中。

令人尊敬的威靈頓將軍的確是位非常偉大的人物。他不缺少拿破崙的堅毅果敢、持之以恆和百折不撓的精神，而且，還具有拿破崙所不具備的自我克制、勇於承當責任和強烈的愛國精神。拿破崙的目標是「榮譽」，而威靈頓將軍的口號和英國海軍大將納爾遜一樣，是「職責」。據說「榮譽」一詞在威靈頓將軍的命令中從未出現過。相反，「職責」一詞在他的命令中常常出現，而「職責」在其功業中，人們卻從不提及。什麼苦難也不能使威靈頓尷尬不安、畏懼退縮。相反，困難越大，他的力量也越大。在伊比利亞半島的戰爭中，他克服了足以讓人發瘋的苦惱和令人難以想像的困難，他所表現出來的耐心、毅力和決心可成為歷史上的最偉大的奇蹟之一。在西班牙，威靈頓不僅展現了他作為將軍所具有軍事天才，而且還露了他作為政治家所具有的綜合才能。儘管他的脾氣非常暴躁，但是，強烈的責任感使他克制自己，他的耐心似乎永無止境。他的偉大人格因為他的雄心壯志、他的豪情滿懷而光芒四射。儘管偉大人物總是個性極強，然而，在許多方面他們資質超凡。因為他們不僅思維敏捷而且精力旺盛；不僅充滿智慧而且品質純潔高尚。偉大的威靈頓將軍之所以能名垂青史，在於他能在艱苦卓絕的戰爭中，巧妙地指揮戰鬥；在於他毫不動搖的堅韌精神；在於他英勇無畏、自我忍耐的信心和決心。

3. 決斷，力量和勇氣的展現

力量常常在反應敏捷和果斷決策中顯現出來。當非洲協會問勒德亞德他什麼時候準備就緒，向非洲進發時，他脫口說道：「明天早上。」

智者說：「果斷決策的習慣對我們非常重要，以至於經常要準備冒險做出不成熟的判斷或採取不利行動。對一個人來說，偶爾做出錯誤的決定，總比從不做決定要好。」快速決策和異常大膽的勇氣使許多成功人士度過了危機和難關，而關鍵時刻的優柔寡斷幾乎只能帶來災難性後果。

有一個故事說的是一個父親試圖用金錢贖回在戰爭中被敵軍俘虜的兩個兒子。這個父親願意以自己的生命和一筆贖金來救兒子。但他被告知，只能以這種方式救回一個兒子，他必須選擇救哪一個。這個慈愛而飽受折磨的父親，在緊要關頭，無法決定救哪一個孩子、犧牲哪一個。就這樣，他一直處於兩難選擇的巨大痛苦中，結果他的兩個兒子都被處決了。

決斷，無論對於個人還是對於一個公司而言都是極其重要的。要知道良機稍縱即逝。

項羽不珍惜鴻門宴的機會，放走劉邦，導致劉邦後來毀約滅楚，項羽落得自刎烏江的下場。若當時他聽亞父范增的建議，當機立斷，處決了劉邦，也不會落得四面楚歌的悲慘境況。

決斷力是領導者綜合素質中最重要的一種能力。在關鍵時刻，領導者就要堅決地做出決定，以引導自己所在的組織奪取勝利或規避風險。正所謂「當斷不斷，反受其亂」。在重大事件處理中，俄羅斯總統普京顯示出的驚人決斷力和超常的理智讓世人欽佩，以至於他在二〇〇四年以八十三％的民意支持率連任。在二〇〇二年十月的莫斯科大劇院人質危機時，普京並沒有像很多領導人一樣，只顧安慰人質家屬，而是站出來強調他「不向恐怖勢力低頭」的決心。就是這種果斷的決心使俄羅斯在國際社會上一直處於舉足輕重的地位。二〇〇二年美國《商業周刊》把佳能的CEO御手洗選為全球二十五名「頂級經理人」。雜誌列出了各種理由和事實，其中第一條就是他在上任之初，果斷地關閉了一系列虧損的業務部門，從而避免了近三億美元的鉅額虧損。也正因為他強硬堅定的決斷力，使得佳能數位相機的世界市場佔有率從十％迅速上升到十五％。

被譽為全球第一CEO的傑克・韋爾奇把決斷力推到無比重要的位置，在他的《贏》一書中，他這樣闡述：決斷力即對麻煩的是非問題做出決定的勇氣。對於同一件事情，任何人都有自己不同的角度。一些精明的人能夠——也願意——無休止地從各個角度來分析問題。但是，有決斷力的人卻知道什麼時候應該停止議論，即使他並沒有得到全部的資訊，也需要做出堅決的決定。

簡而言之，決斷就是果敢決斷，也就是經過深思熟慮後的堅定選擇，有時甚至是憑多年經驗而產生的直覺，迅速明確地表達出來。它展現了當事人的思想高度集中，是他敏銳反應力的再現。這種再現包括短時間內對資訊的吸收和消化，對經驗的綜合和運用，對未來的估計和推測等等。

因為果斷地決策，所以力量和勇氣才得以徹底地實現；因為果斷地決策，所以力量才有了方向，勇氣才不至於成為「匹夫之勇」。

四、金錢與人生

1. 金錢是人生的奴僕和主人

金錢是什麼？它是商品經濟的產物，是物質財富的「身分證」。金錢對推動人類進步與發展產生不可替代的作用，在人類文明史上有著它重要的一頁。

金錢對人來說，是滿足物質和文化生活需要不可缺少的而且是非常重要和極有用處的。「一分錢難倒英雄漢」。古典故事中秦瓊賣馬、楊志賣刀等等都是因為缺錢使人丟棄心愛之物，甚至顧及不得人格之尊。古代中國因無錢而流離失所，甚至賣兒賣女，典妻當物的更是數不勝數。因此，在人們心目中，金錢是寶貴的。

人要生存不能沒有錢。於是，俗話「有啥別有病，沒啥別沒錢」似乎成為至理名言。在生活中賺錢對於一般人來說絕非囊中取物，需要辛勤的汗水，艱苦的勞動，更需要的是正確的金錢觀和運用金錢的技巧。

易卜生說：「金錢只是事物的表象而非本質。它帶給你食物而非食欲；帶給你藥品而非健康……帶給你享受但非平安幸福。」就是說，金錢是重要的，但它絕不能代替我們的生活。在日常生活中讓人感到踏實、喜悅、滿足的不是金錢，而是發揮才幹、創造成就、助人、健康平安、天倫之樂等等。所以金錢絕不值得我們以整個生命去尋求。金錢的兩面性，使它很容易破壞許多美的事物與美的德行。特別對個體的人來說，其負作用的發揮往往是快速的。

例如，當一個勤快的人突然得到一筆鉅額財富，可以改善他的生活和社會地位，也可能導致他懶惰，甚至奢華。一個有錢人得到許多錢後，往往會更吝嗇，甚至貪婪，夢想佔有世界所有的財富。這種欲望就像在看不見終點的跑道上奔跑追逐，永無止境。當然，我們這樣說並不是說金錢是萬惡之源，錢是死的，人是活的。貪婪才是萬惡之源，正直的人對金錢的貪婪之欲必須有足夠地警惕。而金錢本身並無罪，大可不必對錢諱莫如深，「談錢變色」。關鍵在於如何取得金錢，特別是如何花錢，取決於人對金錢的態度。

偉大的科學家愛因斯坦在學術界擔任高職，但對薪金的要求卻很低。他曾把洛克菲勒基金會的一張價值一千五百美元的支票當書簽用。有人見了大為震驚，他卻平靜地說：「重要的不是這個，而是科學！」法拉第在進入皇家科學院前，介紹人大衛爵士告訴他科學研究工作要付出艱鉅的辛勞，而所得的報酬卻是微乎其微時，法拉第毫不猶豫地回答：「工作本身就是一種報酬。」

在我們的想像中，奢侈腐化，揮金如土是資本家的本性。其實也不盡然。例如，八十八歲的世界首富森泰吉郎是日本森泰建設公司的董事長，擁有資產達二百多億美元，但他仍保持儉樸之風，每星期回公司辦公三天，均自帶便當。他認為，「奢侈就是對不需要的東西花錢。」他說，他現在最想要的是時間而不是金錢。

一個人活得幸福與快樂，不是外在物質財富的堆積，而是本人對生活的一種感受。人不可因為錢少而失魂落魄，因為生活中有許多樂趣是金錢所買不來的。珍惜生活的每一細小的情趣，其樂無窮。如天上的雲，路邊的草，孩子天真爛漫的微笑，純潔質樸的語言等等。而擁有許多財富的人未必真正幸福，一個人的痛苦，煩惱，只有他自己才知道。你看他揮金如土，或許內心並不痛快而正在遭受著折磨。人總是這樣，希望擁有的財富多一些，一旦擁有了又擔心失去。而想要的不一定能得到，不願失去的卻在無意中流失。

從這個意義上說，高品質的生活，首先應當是精神上的需求。是理智指導下的樂觀、豁達；是跳出欲壑或厄運束縛的灑脫和超然；是深諳生活的思想和成熟。而金錢，能給人帶來溫飽或享受，也能使人的貪欲暴漲，賺了十萬想百萬，一旦賺到了，又頓覺索然，因為還沒有賺到一千萬，幾千萬，一億……這有可能導致其違法經營，或商戰失利，最後落得個「金滿箱，錢滿箱，轉眼乞丐人皆謗」的下場。也可能腰包鼓起，精神空虛，道德淪喪，墮為敗類。

出身貧寒的石油大王洛克菲勒年輕時勤奮創業，但是隨著他的成功，對金錢的貪婪之心也使他變得冷酷無情。在利益的驅使下，他做了許多損害他人利益的事，很多人對他恨之入骨，連他的親弟弟也不諒解他的所作所為。他的前半生是在眾叛親離中度過的。貪婪甚至毀了他的健康，五十三歲時他疾病纏身，幾乎喪命。

後來，他開始學著放下對金錢的狂熱執著，開始利用自己的財富幫助有需要的人。在別人的尊敬和愛戴中，享年九十八歲的洛克菲勒毫無遺憾地離開了人世。他一生至少賺進了十億美元，而用於福利事業的就有七億美元。

一個人要想真正富有，必須懂得明智地對待金錢。要明白什麼對自己是最有價值的，努力賺錢，使之為我們的最高價值服務。如果一個人不明白這一點，那麼不管他賺了多少錢，都不能填滿他生活沒有價值的那種空洞。

金錢跟其他的東西沒有兩樣，你可以用它，但也可能為其所用。別讓金錢在你心裡佔據至尊的地位，否則它必然毀了你的工作、你的生活，甚至於你的生命。它只是一種工具，你要學會用正當的方式去賺、去用，這樣才能擺脫它所帶給你的壓力，享受它為你帶來的快樂。

很多人認為獲得財富，不是避開種種罪孽，而是轉為更大的各種罪惡。當然，這種罪惡不是指金錢，而指的是人。有些基督教徒以為金錢是萬惡之源，而蔑視金錢是不公正的。因為金錢本身是無辜的。金錢對於人來說只是手段而非目的，人應當支配錢，而不應當讓錢支配人。有錢不能說是最大幸福，但貧窮卻是不好的。貧窮不是恥辱，但也不可當作榮譽。錢多了，會相應地帶來一些新的憂愁或煩惱，如怕賊搶，怕小偷偷，擔心它貶值等等。但缺少錢，憂愁和煩惱會更多。

金錢作為一種人類生活的重要工具，它給予我們改善工作、生活條件的機會，有錢自然比沒錢好。但錢從一定意義上說只能裝飾人，並不能改變人的本質，要改變人的本質和內涵，還要靠人自身的努力。重要的是要運用合法的手段去賺錢，用理智的頭腦去支配錢。有人說，錢一半是金，一半是兩把高懸的利刃；這是我們祖先在造字賦義時，就將它的真諦既明顯、又含蓄地告誡世人：用得好，它是寶貴的「金」；用得不好，兩把橫刃的「戈」就會隨時向你砍來。這就展現出人的地位永遠在金錢之上，因錢而墮落者，就不是一個真正的人了。

英國哲學家培根說過：「金錢是很好的僕人，但在某些場合也會變成惡主人。」金錢究竟是僕人，還是主人，就看面對它的人了。

2. 人生價值遠比金錢重要

人生，是一個人生存、生活在世界的時間歲月。這段歲月裡，有追求、有渴望，有奮進、有奉獻、有坎坷、有失落，它伴隨著你的人生，無論是陽光下，還是風雨中，都鐫刻著人生的歷程，展現著人生的價值。但是，短暫的人生之旅，愴然中應含著自信，歎息中須帶著豪情。人生好比一本書，只有用美好的心靈去讀，你才能讀出價值，才會讀懂愛憎，讀懂痛苦與歡樂，讀懂追求和奉獻是人生的神聖和永恆。

正是因為世間有多種多樣的人生追求，才構成了豐富多彩的生活畫卷，無論是選擇大江東去或是小橋流水，都是各人的心志使然。人各持不同的人生態度，追求煊赫顯耀的未必高尚，意在淡泊清靜的未必卑下。於是，不同的選擇，構成的是不同的人生；不同的人生，形成了不同的人生價值。

人生價值是個具有多樣性的價值系統。它是人生社會價值和自我價值的統一，是人生物質價值和精神價值的統一。作為人生價值的主體，無論是「社會」還是「自我」，都具有物質和精神兩個方面的需要。因而價值也具有雙重性。在當今社會，一些人常常把物質上的富有作為衡量人生價值的唯一標準。他們以富為樂，以富為貴，甚至為了發財致富而不擇手段。殊不知，人生價值並不等同於物質的富有。

一個人擁有金錢的數量，確實可以說明他個人成功的程度，但它不是衡量人生價值的唯一標準。

愛因斯坦說：「人生的價值，應當看他貢獻什麼，而不應當看他取得什麼。」星星沒有月亮耀眼，卻無私地獻出了它的一切，把萬里夜空點綴得異常美麗；綠葉沒有紅花奪目，卻為鮮花吐馨獻出了自己的芳華，將花朵襯托得豔麗多彩。春蠶沒有絲綢的光彩奪目，卻至死也要吐出自己最後一縷蠶絲；為使黑暗變得光明，蠟燭不惜獻出自己的生命以求最後的光和熱；為了構成一台精密的機器，小小螺絲釘甘願忍受寂寞充當配角……

要展現人生的價值，必須用高尚的品格才能造就光彩的人生。品格是最好的人性，是道德規範在個體身上的展現。有品格的人不僅是社會的良心，而且還是民族的支柱，因為這個世界主要還是道德品格主宰的。拿破崙說過道德的力量比物質的力量強大十倍。任何民族的力量、工業和文明都依賴於個人的品格，它構成一個國家穩定的基礎，法律和制度不過是其次之物而已。生態、個體、國家和種族之間的平衡與和諧也要依靠他們才能獲得。正如一定的原因產生一定的結果，一個民族的品格也會產生相應的結果。

一個沒受過良好教育、能力一般、收入菲薄的人，只要他品格高尚，他同樣能產生良好的影響，不管他是在工廠、會計室、商業社區還是在議會。一八〇一年，坎寧深刻地寫道：「我的人生之路肯定是藉由自己的品格獲得權力，我不願走其他的路。雖然這條路並非捷徑，但它是最靠得住的。我對此充滿自信。」或許你會崇拜才華橫溢的人，但是他們也必須做出一些事情之後你才會信任他。因此，約翰·羅素深刻地指出：「求助於天才，受教育品格高潔之士，這在英國是一條根本準則。」

法蘭西斯．霍恩的一生就是明證。悉尼．史密斯認為，霍恩將名垂青史；科克本爵士也評論說，他的一生散發著耀眼的光芒，他的精神將感召每一個正直的年輕人。他雖然三十八歲就英年早逝，但他在公眾心目中的聲望卻無人能及。除了那些硬心腸和齷齪的人，所有人都尊敬、愛戴和哀悼他。

死去的議員從沒有人像他獲得議會這樣的尊敬。年輕人或許會問，他為什麼就能獲得如此的榮譽和敬仰？是因為他出身高貴嗎？不是，他不過是一個愛丁堡商人的兒子。是因為他有家財萬貫嗎？不是，他和家人只能勉強維持生計而已。是因為他的職位嗎？不是，他只有一個僅做了幾年的薄薪職位。是因為他的才華橫溢嗎？也不是，他既不非常優秀，也無任何天才。他平素穩健持重，唯一的要求就是不犯錯。是因為他富於雄辯嗎？也不是，他語調平緩，毫無恐怖或煽情。是因為他舉止高雅嗎？更不是，他不過是行動正確、待人親和而已。那是什麼原因呢？是因為他的見識、勤勞、自律和善良這種超凡的人格力量。這種人格不是天賜的，而是透過後天的努力形成的。

參議院中很多人的才華和演講能力在他之上，但在道德品質方面卻無人能與之匹敵。霍恩的一生表明，除了透過文化和慈善事業外，人們還可以透過其他途徑獲得社會影響，即使在充滿競爭和嫉妒的公共生活中也不例外。

3. 金錢的正確使用

一個人怎樣使用錢——包括賺錢、存錢和花錢，也許是檢測他的才智高低的最好的方法之一。雖然金錢絕不能作為一個人生活的主要目的，但是，它也不是無足輕重的東西，不能在思想觀念上給予輕視。

英國十九世紀偉大的道德學家斯邁爾斯指出：不管人們處於何種地位，錢都是生存的必需品，錢也是增進休閒方式、提高生活品質的一種途徑。實際生活中，在主要方面，金錢是獲得感官快樂和社會福利的手段。而且，人性中的一些最優秀的品質與正確聰明地使用金錢緊密相關，例如，慷慨、誠實、公正、自我犧牲精神和節儉的美德。

但是我們必須清楚，我們是有生命的存在，而金錢充其量僅是我們的工具，它不能給我們下定義或讓我們變得更有價值。只有當我們面臨人生重大選擇時，諸如人際關係、事業之路以及財產的拓展時，我們才可以把金錢想像成我們的目標和夢想的保護者或傭人，金錢也就只能充當這些角色，因為它本身並不具備力量。金錢的命運，完全取決於支配它的人的行為。如果你想正確地使用金錢，如果你想要讓金錢為你提供最好的服務，那麼你就先得了解自己，了解自己的需求，弄清何人何物對你是最重要的，同時還應對你的人生目標了然於胸。

如何正確地運用手中的金錢呢？其實正確地使用和支配金錢的能力並不是與生俱來的，它來自於後天的自覺或不自覺的學習以及個人的習慣。記得金融學家博迪和莫頓的一句話：

學習理性地支配手中的金錢至少有以下五個理由：

1.管理個人資源。
2.處理商務世界的問題。
3.尋求令人感興趣和回報豐厚的職業。
4.以普通公民的身分做出合理正確的公共選擇。
5.擴展你的思路。

其中，首要的是管理個人的資源，即個人理財。

也許你可以在對金融缺乏了解的情況下有所成就，但如果你對理財一無所知，特別是個人理財能力低下，那麼遲早有一天金錢就會和你分道揚鑣。學習管理金錢是一個過程，因為金錢是那麼的善變。但無論多麼變化多端的金融市場和產品，多麼無常的人生和市場，都有兩條原則恒久不變：

第一：在你的一生當中，金錢會不斷地流動，會增加也會減少。如果你牢記金錢本身並不具備力量，自身價值並不由金錢所定義的話，那麼在你金錢減少的時候，就不會認為自己無能和失敗，或在金錢增加時以為自己偉大並陶醉於顯示自己的財富。

第二：遵循金錢的法則。生活中有很多誘惑使你忘記這些法則，但你要在這種誘惑之上。

你要掌控你的金錢使它成為你實現自己願望的奴僕。當這些法則作為你生活的一部分的時候，你自然就看到自己多麼強大，多麼富有創造力。你得到的金錢也許永遠不會比你需要的多，然而你掌控金錢和運用法則的能力，則可以用來彌補你的經濟命運。你所賦予的金錢的力量將會改變你的人生。

個人理財選擇主要有三種：一是儲蓄，二是消費，三是投資。至於個人會做出怎樣的選擇，主要取決於個人的需要、偏好，以及外在環境（非個人因素）的影響等。首先儲蓄。儲蓄是指個人把自己的資金存入銀行。這是一種風險較小、收益較穩定的個人理財選擇方式。同時，儲蓄也為個人的進一步理財提供便利。存入銀行的資金的流動性很強（特別是活期存款），儲戶可以根據自己的需要隨時隨地取出存款。

在當今網路技術和金融業的高速發展及相對發達的社會裡，銀行遍布世界各地，且銀行業間業務交叉、互相聯網，個人可以機動靈活地存取款。而網上銀行的發展，金融卡（包括儲蓄卡、信用卡等）的應用更為儲戶提供了這方面的便利。然而，對於想獲得更大收益的理財者來說，儲蓄所獲得的利息是遠遠滿足不了他們的欲望的。儲蓄雖然能帶來平穩的收益，但其利息（利率）一般較低。因而，要想進一步發達的理財者，一般不考慮這種理財方式。

其次是消費。消費是理財者最經常的經濟行為。每位理財者在獲得金錢時，首先就會想到這個問題：「我有什麼要購買？」當確定沒必要購買物品後，才會考慮另兩個理財方式。在市場經濟條件下，決定理財者消費行為的因素主要有物品的價格、所獲得的效用大小，以及其對未來的預期等。一般價格越低，消費者花費單位貨幣所能獲得的效用越大，預期未來該商品供應越少，則理財者消費該商品的理由更充分，動力更大，也就更急切地想消費。

再者是投資。投資是指人們為獲得預期利潤而在當前花費一定數額的資本的經濟行為。投資帶有很強的投機性，因而風險很大。對於想大發的理財者來說，這是最佳的理財方式。而採用這種方式的理財者往往是風險愛好者，這種人認為在無風險條件下持有一定量的貨幣效益遠小於高風險投資所能獲得的期望效益，因而他不會因為投資風險大而不為，或改為選擇儲蓄理財。往往收益越大的經濟行為，風險也越大，這就需要理財者具備一定的膽識和金融知識基礎，即投資並非任何人都可為的。但在現實生活中，理財者對上述三種理財方法並非單一使用，他們往往會把一部分錢用來消費，一部分用來儲蓄，剩餘一部分再用來投資。

如果說個人理財是正確使用金錢的首選，那麼節儉則是正確使用金錢的不二法則。節儉是指節約用度。我國自古就以勤儉作為修身、治家、治國的美德。《尚書》說「唯日孜孜，無取逸豫」，《墨子》有「儉節則昌，淫佚則亡」之論。古人認為勤儉是關係到生存敗亡的大事，不可輕忽。現代社會中，隨著經濟的增長和物資消費的觀念的巨大變化，節儉已經不僅僅是一種美德，更是一種成功的資本，一種企業的競爭力。它往往與成功聯繫在一起。

眾所周知，微軟公司的總裁比爾•蓋茲是蟬聯世界首富多年的大富豪，他的個人淨資產已經超過美國四十％最窮人口的所有房產、退休金及投資的財富總值。簡單地說，他六個月的資產就可以增加一百六十億美元，相當於每秒有二千五百美元的進帳。然而，蓋茲的節儉意識和節儉精神比他的財富更令人驚異。

一次，蓋茲和一位朋友同車前往希爾頓飯店去開會，由於去遲了，以至於找不到停車位。他的朋友建議把車停到飯店的貴賓車位上。但是，世界首富的蓋茲卻不同意。他說：「這可要花十二美元，可不是個好價錢。」「我來付」，他的朋友說。他說：「那可不是個好主意，這樣太浪費了。」

蓋茲堅持不將汽車停放在貴賓座位上，是蓋茲小氣、吝嗇到已成為守財奴的地步了嗎？當然不是，作為天才商人的蓋茲深深的地懂得花錢應像炒菜放鹽一樣恰到好處，哪怕是很少的幾塊錢也要讓其發揮最大的效益。正是有了這種節儉的精神，微軟公司才在激烈的市場競爭中游刃有餘，脫穎而出，在節儉中創造出最大的財富。

節儉不是「老」、「土」、「舊」、「粗」的東西，而是財富和利潤的發動機。大家都知道，沃爾瑪是全球最大的零售企業，銷售額也排在全球的前三名，並且每年都突飛猛進。在全球五百強排名中，沃爾瑪已經連續幾年榮登榜首了。沃爾瑪能在激烈的市場競爭中快速發展，主要依靠兩個看家本領：削減開支和薄利多銷。

那麼，沃爾瑪如何能做到這一點呢？是沃爾瑪創始人山姆•沃爾頓所創立的「節儉文化」幫助他實現了這一目標。沃爾瑪對成本費用的認真節儉態度完全可以用「吝嗇」一詞來形容。

在沃爾瑪，從來也沒有專業用的複印紙，都是廢紙的背面，並且所有的複印紙必須雙面使用，否則將受到處罰。

在沃爾瑪發生的一件事，足可以說明沃爾瑪的節儉精神：

有一位沃爾瑪的新員工，在給顧客包裝商品時，多用了半張包裝紙，繩子包紮完後多剪了一段。這事恰巧被總裁看到了，他看見後講了一番引人深思的話：「小夥子，我們賣的貨是不賺錢的，只是賺一點節約下來的紙張和繩子錢。」

沃爾瑪正是用這種認真的節儉態度，來獲取贏利的關鍵，從而得到了更好的效益。如果我們能在工作中發揚節儉精神，從小事做起，聚沙成塔，才可能為企業帶來利潤。

但是，我們周圍有很多這樣的人，卻習慣於把賺來的錢用來吃喝揮霍。他們平日貪圖享樂，揮霍無度，一旦時勢艱難，才發現自己囊中羞澀，生活難於維持。無奈他們只能提前支取存款，提前領取薪資，結果債臺高築，嚴重影響自己的行動自由和人格獨立。這些人隨手扔掉的零錢和一些不必要的支出，往往是他個人人生的財富和獨立人格的基礎。儘管這些浪費者經常抱怨這個世界不公平，可是，他們自己才是自己的最大敵人，而且奢侈揮霍的壞習慣也是可以改變的。

蘇格拉底說：「誰想轉動世界，必須首先轉動自己。」古人云：「注重自身改革的人，就有可能變革世界。」所以，節儉人人都可以做到。它既不需要超人的勇氣，也不需要傑出的智慧，一般的力量和普通人的能力足以達到。只要每天誠實地摸著自己的胸口，誠實地問問自己的收入狀況，然後再量入為出，計畫好每一天，你就距離財富進了一步。

五、行動就是力量

1. 心動不如行動，成功始於行動

人們常說，萬事始於心動，成於行動。心動的想法是走向成功的試金石。只有心動，有思想，行動才不會迷惘，才會有方向。古人常說：謀定而後動，則事有必成，就是說先要有明確的思想和目標，然後才能成功。但是，思想屬於人的意識形態，要將思想轉化為現實，還必須得靠行動去實現。行動是件了不起的事，一個人只要開始行動，就算獲得了一半的成功。

從小我們就看過這樣一則寓言：

蜀之鄙有二僧，其中一個貧窮，一個富裕。

有一天，窮和尚對富和尚說：「我想到南海去，您看怎麼樣？」

富和尚說：「你憑什麼去呢？」

窮和尚說：「我帶一個水瓶、一個飯缽就足夠了。」

富和尚說：「我多年來就想租條船沿長江而下，現在還沒做到呢，你憑什麼去？」

第二年，窮和尚從南海回來了，把到南海的事告訴富和尚，富和尚深感慚愧。

窮和尚和富和尚的故事說明了一個簡單道理：說一尺不如行一寸。德謨斯吞斯是古希臘的雄辯家，有人問他雄辯術的首要之點是什麼？

他說：「行動」。

「第二點呢？」

「行動。」

「第三點呢？」

「仍然是行動。」

只有行動，才會產生力量，才會產生你所希望的結果。行動創造了人，不管你現在決定做什麼事，也不管你設定了多少目標，你一定要立刻行動。現在做，馬上就做！

行動的實質就是付出。付出你的時間、精力、財富、汗水甚至鮮血。想想如果你想釣魚，若不把魚餌拋進水裡，你能釣到魚嗎？成功其實沒有什麼祕訣，就是要在行動中嘗試、改變、再嘗試……直至成功。有的人成功了，不是因為他們的運氣比我們好，而是因為他們犯的錯誤、遭受的失敗比我們要更多。

據說，在美國一個小城鎮的廣場上，樹立著一個老人的銅像。他既不是什麼名人，也沒有任何輝煌的業績和驚人的舉動。他只是該城一個小餐館端菜送飲料的普通服務員。但他對客人無微不至的服務，令人們永生難忘——他是一個聾子！他一生從沒有說過一句話，也沒有聽到過一句讚美之辭，他只能憑「行動」二字，使平凡的人生永垂不朽！「只有你的行動，才決定你的價值。」伊澤德如是說。

在《致加西亞的一封信》中，當麥金利總統把一封寫給加西亞的信交給羅文，而羅文接過信之後，並沒有問：「他在什麼地方？他是誰？還活著嗎？我要怎樣去？為什麼要找他？報酬如何？有人護送我嗎？……」他沒有問題，沒有條件，更沒有抱怨，只有行動，積極堅決的行動，甚至以不惜犧牲自己的生命為代價。羅文用自己的行動賦予了生命力量，行動展現了人的最終價值，它也是獲得成功的唯一有效途徑。

透過行動，你還能學到許多課本上學不到的知識。北宋愛國詩人陸游曾說：「紙上得來終覺淺，絕知此事須躬行」。要想真正學會一件事，最有效的方法就是去實踐，「在做中學」。比如學開車，不論你掌握多少汽車的理論知識，如果你從來不去練車，你能學會開車嗎？再比如寫文章，不論老師教給你多少方法和技巧，但是你從來不動筆，你的寫作能力能提高嗎？

有一句格言這樣說：我聽見了，我又忘記了；我看見了，我就記住了；我做過了，我就明白了。百聞不如一見，百見不如一做。如果你想學會游泳，你就必須下水去游；如果你想學會拳擊，你最好戴上拳擊手套上場練習閃躲、進攻。但在現實生活中，很多人往往都是「行動的矮子」「語言的巨人」。他們總是有無數個奇思妙想，卻從來沒有將這些妙想付出行動，結果他們的美妙設想只能成為空想。

從前有一位滿腦子都是智慧的教授與一位文盲相鄰而居。儘管兩人地位懸殊，知識水準和能力有天壤之別，可是兩人都有一個共同的目標：成為一個富有的人。每天教授蹺著二郎腿大談特談他的致富經，文盲則在一旁專注地聽著，他非常欽佩教授的學識與智慧，並且按照教授的致富設想努力去做。若干年後，文盲成了百萬富翁，而教授依然還在空談他的致富理論。

在思想與行動上，思想固然重要，但行動更重要。如果缺乏行動力，只想不做的人只能產生思想垃圾。因為成功是一把梯子，雙手插在口袋裡的人是爬不上去的。

因為有鍥而不捨的行動，所以身高只有一百四十五公分的原一平才成為日本人壽保險界響噹噹的人物。他因為在同行中連續十五年保持全國業績第一，被日本人尊崇為「推銷之神」。

在原一平六十九歲時，他應邀到一家保險公司做公開演講。在演講會上，有人問他推銷成功的祕訣是什麼。他當場脫掉鞋襪，請提問者到講台上來。

他對這個提問者說：「請你摸摸我的腳底板。」提問者感到莫名其妙，但也只好按照原一平的話去做了。

原一平問：「你覺得怎麼樣？」

提問者說：「您的腳底繭特別厚啊！」

「不錯！這是因為我走的路比別人多，比別人跑得勤，所以腳繭特別厚。」

成功開始於心動，成功要有明確的目標，這些都沒有錯，但它們只相當於給你的賽車加滿了油，弄清了前進的方向和線路，要抵達目的地，首先必須得把車開動起來。當你真正用行動開啟自己的成功之車時，你會發現：原來行動的力量是如此巨大！演講大師齊格勒用這樣一個小故事提醒我們：世界上牽引力最大的火車頭停在鐵軌上，為了防滑，只需在它八個驅動輪前面塞一塊一英寸見方的木塊，這個龐然大物就無法動彈。然而，一旦這個巨型火車頭開始啟動，小小的木塊就再也擋不住它了。當它時速達到一百英里時，一堵五英尺厚的鋼筋混凝土牆也能輕而易舉地被它撞穿。

可見，行動的力量是多麼巨大！只要你採取行動，許多令人難以想像的障礙也能被你輕鬆突破。因此，現在就動起來，馬上去做，現在就做，只有做起來，你才會成功。

2. 在行動中改變命運

「工作創造了人」，這是馬克思主義的一個著名科學論斷。「人」的潛能是在與大自然的鬥爭中，在工作中逐漸被開發的。如果把這個論斷用在成功學上，我們說，「行動創造了人」。

耶穌坐在橄欖山上時，給門徒講了一個故事。故事的主人翁是一個貴族，他要出門到遠方去。臨行前，他把僕人召集起來，按著各人的才幹，給他們銀子。

後來，這個貴族回國了，就把僕人們叫到身邊，了解他們經商的情況。

第一個僕人說：「主人，你交給我五千兩銀子，我已用它賺了五千兩。」

貴族高興地點點頭，讚賞地說：「好，善良的僕人，你既然在賺錢的事上對我很忠誠，又這樣有才能，我要把許多事派給你管理。」

第二個僕人接著說：「主人，你交給我的二千兩銀子，我已用它賺了二千兩。」

貴族也很高興，並讚賞這個僕人說：「我也可以把一些事情交給你管理。」

第三個僕人來到主人面前，打開包得整整齊齊的手絹說：「尊敬的主人，看哪，您的一千兩銀子還在這裡。我把它埋在地裡，聽說您回來，我就把它掘了出來。」

貴族的臉色沉了下來。「你這個又惡又懶的僕人，你浪費了我的錢！」

於是奪回他這一千兩銀子，給那個有一萬兩的僕人，並說：「凡是有的還要加給他；沒有的，連他所有的也要奪過來。」埋沒錢財就是浪費，如第三個僕人的作為。不行動，也就是人潛能最大的浪費。

一個著名的科學家只會越來越著名；一個社會關係好的人，他的社會關係只會越來越好；一個行動能力強的人，其行動能力只會越來越強——他們就是如此「走運」，生命力就是如此旺盛，因為，他們時刻都在行動！

生命在於行動。行動可以改變命運，一萬個空洞的說教還不如一個實際的行動。戴爾電腦的成功之道就是一個典型的例子。在瞬間萬變的資訊時代，在風起雲湧的美國矽谷，戴爾電腦以其獨特的網上直銷方式，成為世界上炙手可熱的新星，連微軟總裁比爾・蓋茲都要親自登門拜會這位大客戶，可見戴爾電腦公司的總裁邁克爾・戴爾多麼風光。其實戴爾的成功與公司創始人早年的推銷經歷密不可分。

戴爾在學生時代便做起了推銷。他為一家報社銷售報紙，自己從銷售出去的報紙中抽些佣金。為了銷售出更多的報紙，他便努力動腦筋進行推銷。他搜集了附近社區居民的生日、結婚紀念日等等記錄，並抄寫下來，每逢到這些日子，他便向節日中的人們寄去一份小禮物，這一招大見奇效，他的報紙銷成績售異常的高。到了大學，戴爾愛上了電腦，他以一個推銷員的眼光發現了現存的電腦銷售體制中的諸多弊端。他看準了這個市場空檔，做起了電腦銷售的生意。他成立了一家公司，並將其公司推銷給大眾，向大家提供他們所需要的機型、配置的電腦。由於採取了直銷的方式，沒有店鋪和大量的庫存產品，他的成本得以大幅下降，所以能夠提供價格十分低廉的電腦，他的生意迅速越做越大。

戴爾後來這樣說道：「由於我的推銷經歷，使我得以發現市場的空隙和顧客的需求，從而找到了一種更好的銷售方式——零庫存運行模式和為客戶需求設計訂做電腦。」這就是戴爾電腦公司成功的基礎。

試想，假如戴爾沒有從事過銷售，他就不了解市場的運作規律，他就難以找到市場的空隙和顧客的需求，從而也找不到一種更好的銷售方式。比爾・蓋茲在他的自傳中曾經談到：他之所以會成功不是因為他很懂電腦，而是他很會銷售，會用行動來解決自己面臨的問題。他親自去銷售軟體，連續做了六年之久，才開始從事管理工作。同樣，有很多大企業家在培養他們的子女成為他們接班人的時候，也是訓練他們從基層的業務工作做起。假如你要賺錢，就要學會行動，學會推銷。全球華人首富李嘉誠十六歲開始做推銷員，做了六年才創辦了長江實業。正是在這六年銷售中累積的市場經驗，使得他後來以獨到的眼光成為香港一大地產發展和投資實業公司，為以後自己的發展奠定了穩固的基礎。

3. 為行動時刻準備著

人們往往將一個人的成功歸功於他的運氣，其實人生充滿機會，成功者能認出它，並牢牢地把握它。

被動的等待或守株待兔，其實是浪費時間、錯失良機的舉動。而這又無異於把自己的命運交付給未可知的外力來決定。有許多人終其一生，都在等待一個足以令他成功的機會。而事實上，機會無所不在，重要的在於，當機會出現時，你是否已準備好了。

你想獲得你所想要的東西，就要動手做到，一旦看準了目標就立即行動，並且要「多走些路」。克里曼特・史東自述的親身經歷可以說明這兩條原則：

一個晚上，我正在墨西哥城訪問弗蘭克和克勞迪婭夫婦。克勞迪婭談到：「我盼望我們在加丁區能夠擁有一所房子。」（加丁區是這個美麗的城市中最令人嚮往的地方。）

「你們為什麼還沒有呢？」我問。

弗蘭克笑著答道：「我們沒有這筆錢。」

「如果你知道你想要什麼，那有什麼關係呢？」我問道，未等回答，我又提出一個問題：「順便說一下，你是否讀過一本激勵自己的勵志書？」

「沒有。」這是回答。

於是我就告訴他們一些人的經歷，這些人知道他們想要什麼，讀了一些勵志書，聽從書中的意見，然後就付諸行動。

我甚至告訴他幾年前我以自己的條件——首次付款為一萬五千美元的分期付款——購買了一棟價值二十萬美元的新房子以及怎樣如期付清的房款。我答應送給他們一本我推薦的書。弗蘭克和克勞迪婭下定了決心。

就在這一年的十二月，當我正在我的書房裡讀書時，我接到克勞迪婭打來的電話，她說：「我們剛剛從墨西哥城來到美國，弗蘭克和我所要做的第一件事就是感謝你。」

「感謝我，為什麼？」

「我們感謝你，因為我們在加丁區買了一所新房子。」

幾天後在吃飯時，克勞迪婭解釋道：「在一個星期六的傍晚，弗蘭克和我正在家裡休息。有幾位從美國來的朋友打電話來，要我們用汽車把他們送到加丁區去。」

「恰好那時我們兩個人都相當疲乏。此外，我們在這一週之前已送過他們到那裡。弗蘭克正準備『請求原諒』，這時這本書上的一句話閃現於他的心中——多走些路。」

弗蘭克說：「當我用汽車送他們經過這座天堂時，我看見了我所夢想的房子——甚至還有我所渴望的游泳池。」

「弗蘭克買了它。」

弗蘭克說：「你可能很想知道，雖然這個房產的價值超過五十萬比索，而我的存款只有五千比索，但我們住在加丁區新居的費用比住在舊居的費用還要少些。」

「這是為什麼呢？」

「唔，我們買了兩間套房，它們在財產上相當於一所房子。我們將其中的一間套房租了出去，那套房的租金足以償付整個房產的分期付款。」

這個故事畢竟並不十分驚人。一個家庭買了兩間套房，出租一間套房，自住另一間套房，這是很普通的事情。使人吃驚的是，一個沒有經驗的人只要弄懂並應用某些成功的原則，他就可以很容易地得到他所想要的東西。

有些人坐等機會，希望好運氣從天而降。而成功者積極準備，一旦機會降臨，便能牢牢地把握。如果你失業，不要希望工作會自動上門，不要期待政府、工會打電話請你去上班，或期待把你解聘的公司會請你吃回頭草，天下沒有這麼好的事情。

有位年輕人，想發財想得發瘋。

一天，他聽說附近深山裡有位智者，若有緣與他相見，則有求必應，肯定不會空手而歸。於是，那年輕人便連夜收拾行李，趕上山去。他在那兒苦等了五天，終於見到了那個傳說中的智者，他向老者求助。

老人便告訴他說：「每天清晨，太陽未東升時，你到海邊的沙灘上尋找一粒『心願石』。其他石頭是冷的，而那顆『心願石』卻與眾不同，握在手裡，你會感到很溫暖而且會發光。一旦你尋到那顆『心願石』後，你所祈願的東西就可以實現了！」

每天清晨，那青年便來到海灘撿石頭，發覺不溫暖又不發光的，他便把它丟下海去。日復一日，月復一月，那青年在沙灘上尋找了很久，卻始終也沒找到溫暖發光的「心願石」。

有一天，他如往常一樣，在沙灘開始撿石頭。一發覺不是「心願石」，他便丟下海去。一粒、二粒、三粒……突然，哇——青年人大哭起來，因為他突然意識到：剛才他習慣性地扔出去的那塊石頭是「溫暖」的。

這則寓言告訴我們的一個道理是：機會到來時，如果你麻木不仁，那麼你就將和它失之交臂。

一位老教授退休後，拜訪偏遠山區的學校，傳授教學法與當地老師分享。由於老教授的愛心及和藹可親，使得他到處受到老師及學生的歡迎。

有一次當他結束在山區某學校的拜訪行程，而欲趕赴他處時，許多學生依依不捨，老教授也不免為之所動。當下答應學生，下次再來時，只要他們能將自己的課桌椅收拾整潔，老教授將送給該名學生一份神祕禮物。

在老教授離去後，每到星期三早上，所有學生一定將自己的桌面收拾乾淨，因為星期三是每個月教授例行會前來拜訪的日子，只是不確定教授會在哪一個星期三來到。

其中有一個學生的想法和其他同學不一樣，他一心想得到教授的禮物留作紀念，生怕教授會臨時在星期三以外的日子突然帶著神祕禮物來到，於是他每天早上都將自己的桌椅收拾整齊。但往往上午收拾妥善的桌面，到了下午又是一片凌亂，這個學生又擔心教授會在下午來到，於是在下午又收拾了一次。想想又覺不安，如果教授在一個小時後出現在教室，仍會看到他的桌面凌亂不堪，便決定每個小時收拾一次。

到最後，他想到，若是教授隨時會到來，仍有可能看到他的桌面不整潔，終於小學生想清楚了，他必須時刻保持自己桌子的整潔，隨時歡迎教授的光臨。

老教授雖然尚未帶著神祕禮物出現，但這個小學生已經得到了另一份奇特的禮物。被動地等待或守株待兔，根本是浪費時間、錯失良機的舉動。而這亦無異於把自己的命運交付給未可知的外力來決定。

有許多人終其一生，都在等待一個足以令他成功的機會。而事實上，機會無所不在，重要的在於，當機會出現時，你是否已準備好了。

如故事中小學生給我們的啟示，自己準備妥當，得以迎接機會的到來，是可以循序漸進而習得的。

在過去的歲月中，或許我們一直在等待成功的機會，而耗去了過多的時光，卻等不到機會的出現。從今天起，在等候的同時，我們可以開始做好準備，讓自己保持在最佳狀態，以便機會出現時，你可以緊緊抓住，不讓它溜過。

人們往往將一個人的成功歸功於他的運氣，其實人生充滿機會，成功者能識別它，牢牢地把握它。

我們相信人生中充滿機會，但我們往往不懂得把握。那些我們歸功於運氣的成就，有許多其實與運氣完全無關，而應歸功於當機立斷、敢作敢為、見人之未見、堅持不懈。

第三部 《改變千萬人生的一堂課》

奧里森・馬登

《改變千萬人生的一堂課》是美國成功學奠基人、最偉大的成功勵志導師奧里森・馬登博士的傳世名著，在世界各國幾乎無人不曉。

本書所提倡的成功原則改變了世界千百萬青年的命運，使他們從無名之輩變成各行各業的成功人士。從艾森豪、尼克森、卡特、喬治・布希等美國歷任總統，到洛克菲勒、索羅斯、比爾・蓋茲等企業鉅子，到阿諾・史瓦辛格、貝克漢等各界名人都提到本書在青少年時期對他們的決定性影響。

美國第二十五任總統威廉・麥金萊評道：「馬登的著作對所有具高尚和遠大抱負的年輕讀者都是一個巨大的鼓舞。我認為，沒有任何東西比馬登的書更值得推薦給美國的年輕人。」

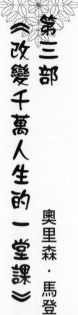

作者簡介
奧里森．馬登

奧里森．斯韋特．馬登，一八五〇年出生於美國一個貧窮家庭。三歲失母，七歲喪父，在當地農家當過十多年童工，做盡苦工，也受盡他人的欺凌。直至一天在一個農家的閣樓裡偶遇斯邁爾斯的《自己拯救自己》，頓悟一個人完全可以從自身的環境中奮起的道理，命運從此改變。

在《自己拯救自己》的鼓舞下，馬登從此尋求自立，一邊做工，一邊讀書，先後在新倫敦學院、波士頓大學、哈佛醫學院接受教育並獲得學位。他曾開設飯店和飲食俱樂部，購置賓館和不動產。在生意因天災受挫後，轉而將全力用於勵志書的寫作。其間儘管曾遭一場大火，將他的五千多頁書稿付之一炬，但這樣也沒有動搖他的信念。

馬登撰寫了大量鼓舞人心的著作，包括《一生的資本》、《思考與成功》、《偉大的勵志書》、《成功的品質》、《高貴的個性》等等。馬登的書在美國一上市，即受到了大眾的認同，很多公立學校指定為教科書或參考書，不少公司企業發給員工閱讀，在商人、教育人士，政府官員和神職人員中也深受歡迎，馬登的一些著作被翻譯成二十幾種文字，在當時就暢銷數百萬冊。馬登的著作和他所宣導的成功原則改變了世界各地千百萬貧苦人民的命運，使他們由一貧如洗變為百萬富翁，從無名之輩變為社會名流。

如今，《成功》雜誌仍然致力於馬登尚未完成的事業，把個人成功學傳授給每一個想出人頭地的年輕人。

馬登認為，個性是締造成功及維持不敗的基礎。他認為，崇高、正直的人格本身就是最大的成功。他告訴讀者獲得財富與事業成功的祕訣，但是，他反對追逐名利、貪得無饜。他說，生活的目的在於成就崇高的生命。

一、意志力

1. 征服你自己

在人的天性中，有一種神賜的力量。這種力量是不能形容、不能解釋的，它似乎不在人的普通感官中，而隱藏在心靈深處。一旦人們處境危急，這種力量就會爆發出來，使我們避免受難。

就是這些潛藏在內心的精神力量，是這些在日常生活中不曾喚起的精神力量，瞬間使凡人成為巨人，化不可能為可能。

那些真正意識到自己力量的人將永不言敗！對於一顆意志堅定、永不服輸的心靈來說，永遠不會有失敗；他跌倒了會再爬起來，即使其他人都已退縮和屈服，而他永遠不會！

有多少次困難臨頭，開始以為是滅頂之災，感到恐懼，受到打擊，似乎無法逃脫，膽戰心驚。然而，突然間我們的雄心被激起，內在力量被喚醒，結果化險為夷，一場虛驚。

十五世紀，人們知道地球是圓的，但還不知道它有多大、大海有多寬。二十五歲的哥倫布站在葡萄牙的海岸上想：只要這茫茫大海比馬可・波羅跋涉過的陸地窄一些，我就有必要找一艘船到那盛產黃金和香料的東方大陸去探險。透過閱讀托勒密的《地理學》，他得知，歐亞大陸佔據了北半球的一半，從葡萄牙出發，橫跨大西洋，必定能到達印度；皮埃爾・阿伊利的《世界形象圖》告訴他，隔在印度和歐洲之間的大洋不算寬，順風航行，要不了幾天就能穿越，他激動地做了二千多個旁注；馬可・波羅，他的義大利鄉親，說中國、印度和日本遍地都是香料，黃金用來蓋房子、做窗框，他在《馬可・波羅遊記》上寫了二百多個眉批；《舊約》也成了他的參考書，其中有一句話：「你應將水集合於大地的第七部分，使其餘的六部分乾涸。」哥倫布據此推測：歐亞非三個大陸塊佔了地球表面的七分之六，海洋只占七分之一，因此，馬可・波羅走過的是一條費力不討好的路，人們望而生畏的海路近得出奇；他還聽海員們說，偶爾有浮屍隨著海風和洋流漂來，看起來既不像歐洲人、又不像非洲人。這一切激勵著哥倫布的狂想。很少有人像他這樣，對種種猜測和傳聞那麼信以為真。他剛剛脫離海盜生涯，窮困潦倒，卻成天想著漂洋過海、想著無窮的黃金和顯赫的地位。

他是當真的。他在葡萄牙踏踏實實地加強自己的航海技術，熟悉各種新型航海儀器，學習現有的海圖、探險故事和遊記。二十六歲那年，他參與了前往冰島的遠航，這次探險成功後，他比過去對大西洋更加有信心了。現在他需要征服的是擁有財富和權勢的人，他自己當一輩子海員或海盜也無力組織起一支海上遠征軍。

他向葡萄牙王室兜售幻想中的黃金國，要價很高：要求封他為佩戴金馬刺的騎士、在他和他的繼承人的姓名前冠以表明貴族身分的「堂」字、授予他海洋大將軍頭銜、任命他為殖民地的終生總督、從殖民地搜刮來的財富中分給他十分之一……葡萄牙王室對此計畫考慮了四年，然後把它否決了。在這四年中，他的妻子去世了，他的兒子長大了。他帶著兒子、航海圖、某人的推薦信以及日益瘋狂的雄心壯志，又前往西班牙王國。

在巴羅斯港登陸時，這父子倆衣衫襤褸、污漬斑斑，一副乞丐的模樣，事實上他們的處境已經和乞丐一樣了，他們連住旅店的錢都沒有，只好在修道院借宿。見到國王時，哥倫布把符合自己想像的世界地圖拿出來，試圖引起國王的興趣。國王讓他回去等，他就在焦灼中苦熬著，靠宮廷的施捨和賣書報的微薄收入度日。當王后託人帶給他一筆錢、讓他打扮得體面些去見國王時，又是六年過去了。

西班牙國王願意為他組建一支船隊。但是，哥倫布提出的條件讓王室成員啼笑皆非，他，一個窮途末路的乞丐，竟然想一下子成為貴族、總督，將來還要和國王一起瓜分殖民地的財富。他一無所獲地離開了西班牙王宮。他準備去遊說另一個國家、經歷又一場「可怕的、連續的、痛苦而長期的戰鬥」、再荒廢不知多少年的生命，直到狂想變為現實。在離開西班牙的路上，王后的使者追上了他，把他召回了王宮。然後，王室與他簽訂了開拓殖民地的協定，接受了他所有的條件。原來，在西班牙的內戰和擴張中，許多功勳卓著的騎士和軍人需要用土地來賞賜，王室沒有足夠的土地，哥倫布的瘋狂計畫，正好有助於解決這個問題。

很多年輕人在職業生涯遭到挫折的時候，輕易地放棄了，轉而從事不適合自己、也不能引起自己熱愛的職業，勉勉強強做下去。有些人回到自己原本要努力掙脫的生活中去。他們知道堅持下去還會看到希望，但也會遇到新的挫折，而對挫折的厭倦使他們放棄了希望。別人的言行也影響著他們的決定。有人說：你在做一件註定不能成功的事。有人說：你沒有這方面的天賦，你為之付出是愚蠢的，你在虛度年華。而一起奮鬥的夥伴紛紛退出，也使他們感到孤獨、無望。

在日常生活中常有一些壯志未酬的人悔不當初，只能在懊悔和對別人財富和地位的羡慕中度過餘生。

或許有的人大半生都一帆風順，累積財富，廣交朋友，聲望日隆，個性彷彿也很堅韌。但災難突降，他們失去了所有的一切。他們被擊倒了，絕望了。物質的損失吞沒了他們生存的勇氣。

經歷了如此沉重的打擊，人人都會覺得希望渺茫。但是，即使是一個無知到不會寫自己名字的人，如果他有堅韌的承受力，他還是有希望的；只要有勇氣，就有希望。如果經受一次打擊就灰心喪氣，難以自拔，毫無鬥志，那他就沒有希望。這正是考驗他的時候，在失去了所有身外之物之後，他還有自己！如果躺在地上，四腳朝天，心裡承認自己很差勁，那就與死無異了。

但是，如果他仍然勇氣十足，絕不放棄，如果他蔑視困難，決心從頭再來，那麼他就是一個真正的男子漢。

別人都已放棄，自己還在堅持；別人都已退卻，自己仍然向前；看不見光明、希望卻仍然孤獨、堅韌地奮鬥著，這才是成功者的素質。

精神極度沮喪的時候，保持理智和樂觀是很難的，但就是這樣，才能真正顯示我們究竟是怎樣的人。

什麼時候最能顯示一個人的真實才幹呢？當他事事不順遭人鄙棄，而仍能堅持的時候！

愛迪生研究電燈時，工作難度出乎意料地大，一千六百種材料被他製作成各種形狀，用來做燈絲，效果都不理想，不是壽命太短，就是成本太高，或者太脆弱、工人難以把它裝進燈泡。全世界都在等待他的成果，半年後人們失去耐心了，紐約《先驅報》說：「愛迪生的失敗現在已經完全證實，這個感情衝動的傢伙從去年秋天就開始電燈研究，他以為這是一個完全新穎的問題，他自信已經獲得別人沒有想到的用電發光的辦法，可是，紐約的著名電學家們都相信，愛迪生的路走錯了。」愛迪生不為所動。英國皇家郵政部的電機師普利斯在公開演講中質疑愛迪生，他認為把電流分到千家萬戶、還用電錶來計量是一種幻想。愛迪生繼續摸索。人們還在用煤氣燈照明，煤氣公司竭力說服人們：愛迪生是個吹牛不上稅的大騙子。就連很多正統的科學家都認為他在想入非非，有人說：「不管愛迪生有多少電燈，只要有一只壽命超過二十分鐘，我情願付一百美元，有多少買多少。」有人說：「這樣的燈，即使弄出來，我們也點不起。」他毫不動搖。在投入這項研究一年後，他造出了能夠持續照明四十五個小時的電燈。

或許你的往事不堪回首；或許你沒有取得期望的成功，或許你失去至愛親朋，失去企業，甚至房屋，或許你因病不能工作，意外事故剝奪你行動的能力，然而，即使你面對這一切的不幸，你也不能屈服！

你或許會說，你經歷過太多的失敗，再努力也沒有用，你幾乎不可能取得成功。這意味著你還沒有從失敗的打擊中站立起來，就又受到了打擊。這簡直毫無道理！

只要永不屈服，就不會失敗。不管失敗過多少次，不管時間早晚，成功總是可能的。對於一個沒有失掉勇氣、意志、自尊和自信的人來說，就不會有失敗，他最終是一個勝利者。

如果你是一位強者，如果你有足夠的勇氣和毅力，失敗只會喚醒你的雄心，讓你更強大。比徹說：「失敗讓人們的骨骼更堅硬，肌肉更結實，變得不可戰勝。」

我們都很熟悉卡萊爾在寫作《法國革命史》時遭遇的不幸。他經過多年艱苦工作完成了全部文稿，他把手稿交給最可靠的朋友米爾，希望得到一些中肯的意見。米爾在家裡看稿子，中途有事離開，順手把它放在了地板上。誰也沒想到女僕把這當成廢紙，用來生火了。這嘔心瀝血的作品，在即將交付印刷廠之前，幾乎全部變成了灰燼。卡萊爾聽說後異常沮喪，因為他根本沒留底稿，連筆記和草稿都被他扔掉了，這幾乎是一個毀滅性的打擊。但他沒有絕望，他說：「就當我把作業交給老師，老師讓我重做，讓我做得更好。」然後他重新查資料、記筆記，把這個龐大的作業又做了一遍。

即使你失去了其他任何東西，也不要失掉勇氣、毅力和尊嚴。這是無價之寶，需要你竭盡全力去保持。對於一個真正的強者來說，失敗根本不值一提。那僅僅是一個小小的插曲，是他事業中的一點小麻煩，並不重要。一個真正強者的頭腦中根本不存在失敗的概念。

不管什麼樣的打擊和失敗降臨，一個真正堅強的人都能夠從容應對，做到臨危不亂。當暴風雨來臨，軟弱的人屈服了，而真正堅強的人鎮定自若，胸有成竹。

一個人除非學會清除前進路上的絆腳石，不惜一切代價去克服成功路上的障礙，否則他將會一事無成。通往成功路上的最大障礙就是自己。自私自利、貪圖享樂是所有進步的阻礙。懦弱、懷疑和恐懼是最大的敵人。警惕你的弱點，征服自己，就會征服一切。

面對困難的態度十分重要。困難就像紙老虎，如果你害怕它，畏縮不前，不敢正視，那麼它就會吃掉你；但是，如果你毫不畏懼，勇敢面對，它就會落荒而逃。對於懦弱和猶豫的人來說，困難是可怕的，你越猶豫，困難就越發可怕，越發不可踰越；但當你無所畏懼時，困難將會消失。

在馬德里的監獄裡，賽萬提斯寫出了《唐吉訶德》，那時他窮困潦倒，連稿紙也買不起。有人勸一位富裕的西班牙人資助他，那位富翁卻說：「上帝禁止我去接濟他的生活，唯有他的貧窮才能使世界富有。」另外，《魯濱遜漂流記》、《聖遊記》、瓦爾德・羅利爵士的《世界歷史》、中國古代歷史學家司馬遷的《史記》也都是在監獄中寫出的，這位中國人的境遇最為悲慘，他入獄前被施以宮刑。

音樂家貝多芬在兩耳失聰、窮困潦倒之時，創作了他最偉大的樂章；席勒病魔纏身十五年，卻寫出了他最著名的著作。為了得到更大的成就和幸福，班揚甚至說：「如果可能的話，我寧願祈禱更多的苦難降臨到我身上。」

帖木兒皇帝的經歷也證明了這一點。他被敵人緊追不捨，不得不躲進一間坍塌的破屋。就在他陷入困惑與沉思時，他看見一隻螞蟻吃力地背負著一粒玉米向前爬行。螞蟻重複了六十九次，每一次都是在同一個凸起的地方連同玉米一起摔下來，牠總是翻不過這個障礙。哦，瞧！到了第七十次，牠終於成功了！這隻螞蟻的行為極大地鼓舞了這位彷徨的英雄，使他開始對未來的勝利充滿希望。

當你足夠強大，困難和障礙就微不足道；如果你很弱小，障礙和困難就顯得難以克服。向困難屈服的人必定一事無成。很多人不明白這一點，一個人的成就與他戰勝困難的能力成正比。他戰勝越多，取得成就越大。

成就平平的人往往是善於發現困難的天才，善於在每一項任務中都看到困難。他們莫名其妙地擔心，使自己喪盡勇氣。一旦開始行動，就開始尋找困難，時時刻刻等待困難出現。當然，最終他們發現了困難，並且為困難所擊敗。

他們善於誇大困難，缺少必勝的決心和勇氣。即使為了贏得成功，也不願意犧牲一點點安樂和舒適作為代價。總是希望別人能幫助他們，給他們支持。

如果機遇總是不曾垂青他、他總是找不到自己喜歡做的事，那他就是承認自己不是環境的主人，他不得不向困難低頭，因為他沒有足夠的力量。

那些只看到困難的人有一個致命弱點，就是沒有堅強的意志去驅除障礙。他沒有下定決心去完成艱苦工作的意願。他渴望成功，卻不想付出代價。他習慣於隨波逐流，淺嘗輒止，貪圖安樂，胸無大志。

這些人似乎戴著一副有色眼鏡。除了困難什麼也看不見。他們前進的路上總是充滿了「如果」、「但是」、「或者」和「不能」。

他們認為，去爭取獲得一個廣告公司招聘的職位是毫無希望的。因為當他去申請的時候，已經有數百個申請者遞交了申請書。失業者如此之多，他怎麼可能得到工作呢？如果他有一份工作，他會覺得許多同事都做得比他好，更得老闆賞識，他要晉升存在很大的障礙。

有一個年輕人向我哀歎他沒有機會，抱怨命運註定讓他平庸，他自己永遠都不可能開創自己的事業，而只能為別人打工。我發現他最大的一個特點就是處處看到不可征服的困難。他告訴我說，如果別人能幫助他開辦一個企業，他一定能取得成功。我敢斷定他不太可能取得成功，因為他不具備成功的品質。他承認他不能泰然自若地面對危機，他承認自己軟弱，他承認在面對困難時自己顯得無能為力，而別人卻能克服這些困難。

另一個年輕人告訴我，他渴望受教育，渴望上大學，但他不如別人幸運，沒人資助，沒有一個富爸爸，他自己無能為力。我明白這個年輕人其實並不真的渴望求學，他只想不勞而獲，他沒有林肯那樣強烈的求學願望。

有的年輕人知道自己追求什麼，卻畏懼成功道路上的困難。他把一個小困難想像的比登天還難，一味悲觀歎息，直到失去克服困難的機會，一次又一次地陷入惡性循環，終將一事無成。

意志堅定、行動積極、決策、果斷、目標明確的人能排除萬難，勇敢地向著自己的目標前進，去爭取勝利。成就大業的人，面對困難時從不猶豫徘徊，從不懷疑是否能克服困難，他們總是能緊緊抓住自己的目標。自己的目標是偉大而令人興奮的，他們會做堅持不懈地努力，暫時的困難微不足道。

如果拿破崙在年輕時沒有遇到什麼壓力、絕望，那他絕不會如此多謀、如此鎮定、如此剛勇。

貝內特在四十歲那年拿出了全部財產——區區三百美元，在一間簡陋的小屋中開始了他的事業。他把一張木板搭在兩個圓桶上做辦公桌，他身兼數職——既是打字員又是雜工，既是出版商又是記者，既是小職員又是編輯，既是校對者又是印刷工。就這樣，他開始了創辦《紐約先驅報》的歷程。起初，他試圖沿用一般的做法，但經歷了無數次的嘗試和失敗後，他決定走出一條自己的路。

偉人只關心一個問題：「能完成嗎？」而不管有多少困難。只要事情是可能的，困難就能克服。

俗話說，一葉障目，不見泰山。而卑微的人讓困難蒙蔽了雙眼，看不到成功。

一個能夠取得成功的年輕人也會看到困難，但卻從不懼怕，因為相信自己能戰勝，他相信勇往直前的勇氣能掃除一切障礙。

對拿破崙來說，阿爾卑斯山算不了什麼。並非阿爾卑斯山不可怕，冬天的阿爾卑斯山幾乎是不可翻越的，但拿破崙卻覺得自己比阿爾卑斯山更強大。雖然在法國將軍們的眼裡，翻越阿爾卑斯山太困難了，但是他們的領袖的目光卻早已越過了阿爾卑斯山上的終年積雪，看到了山那邊碧綠的平原。

路易莎・奧爾科特用她的筆賺了二十萬美元，但是，當她第一次感到自己具有這種才能的時候，她的父親遞來一張紙條，那是《亞特蘭大》的編輯菲爾德先生寫給他的：「叫路易莎繼續教書吧！她在寫作這一行永遠不會成功。」奧特科特說：「告訴他，我一定會成為一名成功的作家，有一天我會為《亞特蘭大》寫稿的。」不久，她為《亞特蘭大》寫了一首詩，連朗費羅都以為是愛默生的作品。

她在日記中寫道：「二十年前，我決心用自己的力量還清家裡欠的債。四十歲那年，我做到了。債務全部還清了，包括那些按照法律無需歸還的部分。我們還有足夠的錢過舒適的生活，儘管這稍稍有損我的健康。」

多一些快樂，少一些煩惱，你會驚奇地發現，這不僅使你的工作充滿樂趣，還會讓你獲得幸福。它把憂慮變為快樂，驅除工作中的痛苦，讓生活充滿驚喜。它比金錢更有價值。你會發現，自己成了一個更優秀、更完美的人。

你如何看待周圍事物完全取決於自己的態度。每個人心中都有樂觀向上的力量，它使你在黑暗中看到光明，在痛苦中看到快樂。

2. 當斷則斷

判斷力是處理任何重要事件所必須的一種能力，它不應受情感波動、建議、批評以及表面現象的干擾。有的人雖然能力出眾，卻因為缺少果斷的判斷力而淪為平庸之輩。他們總是患得患失，事事猶豫不決。在任何情況下，也不能信心百倍地做出自己的決斷。也許這些人是由於怕遭致失敗的打擊，而非缺乏真正的判斷能力。

那些總是猶豫不決的人，世上沒什麼東西能幫助他們形成迅速決斷的行動習慣。因此，一個人試圖面面俱到是抓不住事物的本質的。決策就是決定性的、不可更改的，一旦做出就要盡力執行，就算有時候會犯錯，也比那種事事求平衡、總是思來想去、拖延不決的習慣要好。當我們致力於形成一種快速決策的習慣時，哪怕在最初這種做法顯得有些僵硬，它也會讓我們對自己的判斷力產生信心。由此，一個人將會獲得一種全新的獨立精神。

我認識一個人，無論做什麼事情都給自己留著重新考慮的餘地，就連寫信也是這樣。他總擔心自己的信會有改動，不到最後一分鐘不敢封口。即使信的一半已經塞到郵筒裡了，他還會猶猶豫豫地把它抽出來，拆開，再看一遍，這一看，可能又發現哪裡不對了，然後他只好把這封信拿回去重寫。對他來說，寄一封信很不容易，寄出去以後，他還是惴惴不安的，成天惦記著那封信的措辭是否得體。他最可笑、也是盡人皆知的事，就是有一次他把信寄出去以後，又發電報叫人家趕緊把信退回來、千萬不要打開看。他人品非常好、為人處事非常得體，但就是由於這優柔寡斷的性格，他得不到人們的信賴，誰也不願意跟他合夥做事。

比魯莽更糟的是「猶豫不決」。猶豫不決的人常擔心事情的凶吉好壞，今天若做出抉擇，明天會發生更好的可能性，總是不敢做決斷。他們因此失去很多好機會、埋沒很多好想法。良機稍縱即逝，猶豫不決很難抓住機會。雷厲風行難免會犯錯，但總比什麼也不敢做強。

威廉・沃特說：如果一個人永遠徘徊於兩件事之間，對自己先做哪一件猶豫不決，他將會一件事情都做不成。如果一個人原本做了決定，但在聽到自己朋友的反對意見時猶豫動搖、舉棋不定，那麼，這樣的人肯定是個性軟弱、沒有主見的人，他在任何事情上都只能是一無所成，無論是舉足輕重的大事還是微不足道的小事，概莫能外。他不是在一切事情上積極進取，而是寧願在原地踏步，或者說乾脆是倒退。

古羅馬詩人盧坎描寫了一種具有凱撒式堅韌不拔精神的人，實際上，也只有這種人才能獲得最後的成功——這種人首先會聰明地請教別人，與別人進行商議，然後果斷地決策，再以毫不妥協的勇氣來執行他的決策和意志，他從來不會被那些使得小人物們愁眉苦臉、望而卻步的困難所嚇倒——這樣的人在任何一個行業裡都會出類拔萃、鶴立雞群。

像牆頭草一樣搖擺不定的人，無論他其他方面多麼強大，在生命的競賽中，總是容易被那些堅定的人打敗，因為後者想做什麼，立刻去做。可以這樣說，擁有最睿智的頭腦不如擁有果敢的判斷力。

成千上萬的人在競爭中潰敗而歸，僅僅因為耽擱和延誤。而數不勝數的成功者因為在關鍵時刻冒著巨大風險，迅速做出決定，創造了財富。

智者說：「使一個人形成果斷決策的個性，是生命成長中道德和意志訓練方面最重要的工作。」「果斷決策的習慣對我們非常重要，以至於經常要準備冒險做出不成熟的判斷或採取不利行動。對一個人來說，偶爾做出錯誤的決定，總比從不做決定要好。」

快速決策和異常大膽使許多成功人士度過了危機和難關，而關鍵時刻的優柔寡斷幾乎只能帶來災難性後果。

3. 做自己情感的至高統治者

人們常說，性格的力量包含兩個方面——意志的力量和自制的力量。它的存在也有兩個要求——強烈的情感和對情感堅定的掌控。自制，就是要克服欲望。它不僅僅是在物質上克制欲望，更重要的是精神上的克制。一個想要有所成就的人如果缺乏自制力，就像汽車失去了方向盤和剎車，必然會「越軌」和「出格」，甚至「翻車」。控制自己不是一件非常容易的事情，因為我們每個人心中永遠存在著理智與感情的抗爭。「做自己喜歡做的事」，或者採取一種不顧一切的態度並不算是真正的自由。你應該有戰勝自己的感情，控制自己命運的能力。如果任憑感情支配自己的行動，那便使自己成為了感情的奴隸。

如果你今天計畫做某件事，是否能離開溫暖的小窩義無反顧地披衣下床？如果你要遠行，但身體乏力，你是否要取消旅行的計畫？如果你正在做的一件事遇到了難以克服的困難，你是繼續做呢，還是停下來等等看？對諸如此類的問題，若在紙面上回答，答案一目了然，但當你身在其中，自己去質問自己時，恐怕就不會回答得那麼乾脆了。眼見的事實是，有那麼多的人一旦在生活、工作中遇到了難題，就被嚇倒了。他們不是不會簡單地回答這些問題，而是思想上難以控制自己。

那麼一個人該怎樣培養自制力呢？

(1) **掌握自己的思想**：沒有意識作用先導，人就不可能有具體的行為。控制思想，就要明白自己想要什麼，不能要什麼，這是認識問題。然後再弄清楚，怎樣拒絕不能做的事，強制自己專做該做的事，這是方法的問題。最後再掂量一下，自己做了會如何，不做又會如何，這是建立毅力的前提，是由控制思想向控制行為的過渡。

(2) **控制目標：**目標是思想的核心，更是行動的指南。控制好目標是取得成功的一種重要方法。控制目標，就要制訂目標。目標有長期的、中期的，也要有短期的。中長期目標與短期目標並舉，做起來就心中有數，忙而不亂了。

(3) **控制時間：**人生活在空間和時間中，空間容納人，時間改變人。很多人事情做不好，就是沒利用好時間。你應該把你計畫要做的事，配合你的個人情況，做一個統籌的安排。這可不是一件輕鬆的事，人們往往不但不明白自己要做哪些事，而且還不明白在什麼時候，用多長時間來做某件事。如果把很多事和有限的時間充分地融合在一起，事情做好了，時間也沒白白浪費，你就可選擇時間來工作、遊戲、休息。當我們能控制時間時，就能改變自己的一切。在日常生活中，時時提醒自己要自律，有意識地培養自律精神。比如，針對你自身性格上的某一缺點或不良習慣，限定一個時間期限，集中糾正，效果會比較好。

千萬不要縱容自己，給自己找藉口。對自己嚴格一點，時間長了，自律便成為一種習慣，一種生活方式，你的人格和智慧也因此變得更完美。自制使人充滿自信，也贏得別人的信任。

在商人中間，自制能產生信用。銀行相信那些能控制自己的人。商人們相信，一個無法控制自己的人既不能管理好自己的事務，也不能管理好別人的事務。他可能在缺乏教育和健康的條件下成功，但絕不可能在沒有自制力的情況下成功！

「不」，是孩子們最容易學會的字。卻又是成年人最難說出口的。「不」代表生命的尊嚴和永遠的幸福。傳統哲學與現代智慧，歸根到底就是一個字——面對誘惑，勇敢說「不」。

無論是誰，只要能下定決心，決心就會為他提供力量與後援。能夠支配自我，控制情感、欲望和恐懼心理的人會比國王更偉大、更幸福。否則，不可能取得任何有價值的進步。

自制是剛毅的本質，也是性格的靈魂。亞伯拉罕・林肯剛成年的時候，是一個性急易怒的人。但後來，他學會了自制，成為了一個富有同情心、說服力和耐心的人。

企業管理者在生意冷清、存貨積壓嚴重、員工對其不信任、債權人紛紛上門催款的情況下，修養受到了最大的考驗。這時若稍有不快就大發雷霆，會給員工們留下抹不掉的壞印象。如果他仍然不抱怨、不發脾氣，和善仁慈，才會真正受到員工們的愛戴，願意和他一起共度難關。

沉著冷靜、永不氣餒，是每一個人應培養的品格。永遠以親切的笑容和藹待人，永遠有一種滿懷希望的氣魄，永遠有戰無不勝、突破逆境的自信心和決心吧！

4. 專注

成就一番事業，實現人生價值，是一切有志者的追求。然而，通向成功的道路往往並不平坦，影響成功的因素複雜多樣。現實生活中常常會看到這樣的情形：有的人對學業、工作、事業專心致志、不懈努力，不受外界誘惑的干擾，扎扎實實地向著既定目標邁進，最終獲得了成功；而有的人卻耐不住寂寞、經不起誘惑，好高鶩遠、見異思遷，對學業、工作、事業缺乏一種執著精神，結果是一事無成。無數事實說明，專注是走向成功的一個重要因素。

所謂「專注」，就是集中精力、全神貫注、專心致志。可以說，人們熟悉這個詞就像熟悉自己的名字一樣。然而，熟悉並不等於理解。從更深刻的涵義上講，專注乃是一種精神、一種境界。「把每一件事做到最好」，「咬定青山不放鬆，不達目的不甘休」，就是這種精神和境界的反映。一個專注的人，往往能夠把自己的時間、精力和智慧凝聚到所要做的事情上，從而最大限度地發揮積極性、主動性和創造性，努力實現自己的目標。特別是在遇到誘惑、遭受挫折的時候，他們能夠不為所動、勇往直前，直到最後成功。與此相反，一個人如果心浮氣躁、朝三暮四，就不可能集中自己的時間、精力和智慧，做什麼事情都只能是虎頭蛇尾、半途而廢。缺乏專注的精神，即使立下凌雲壯志，也絕不會有所收穫，因為「欲多則心散，心散則志衰，志衰則思不達也」。

專注源於強烈的責任感。一個對黨和人民的事業具有高度責任感的人，一定會把工作和事業看得很重，把名利和地位看得很輕，全心全意地投入到工作和事業中，盡職盡責，盡心盡力；而一個缺乏責任感的人，大都會把工作當成一件苦差事，自然也就提不起精神，更談不上專心致志。只有講責任、負責任，才能凝聚忠誠和熱情，激發幹勁和鬥志。韓愈說：業精於勤荒於嬉，行成於思毀於隨。古往今來，那些真正能做事、能做成事者，莫不具有敢擔大任的胸懷和勇氣。強烈的責任感，是專注的原動力。

專注來自淡泊和寧靜。一個人在為工作和事業奮鬥的過程中，困難和挫折在所難免，孤獨和寂寞在所難免。面對這些情況時，怎樣才能做到不受干擾、專注如一？關鍵是保持淡泊和寧靜。經驗表明，對一件事情，專注一時者眾，而始終專注者寡。這其中的一個重要原因就在於，一般人很難長期耐得住寂寞、經得起考驗。任何一個成功者的背後，都有著堅持不懈的執著追求和艱苦勞動。諸葛亮說：淡泊以明志，寧靜而致遠。唯有保持淡泊和寧靜，才能堅定信念和追求，做到專注和執著。

一個人生活在社會中，面對紛繁複雜的世界，要想成就一番事業，就必須努力克服各種消極因素的影響。特別是在當今這個大變革、大發展的時代，新事物、新情況、新問題層出不窮，影響人們的因素明顯增多。越是環境和條件複雜，越能凸顯專注對於成功的重要性。當然，專注也是有前提的，這就是確立的奮鬥目標必須符合實際、符合科學。否則，就是再專注、再努力，也不可能達到目的、實現目標。

二、目標

1. 目標，邁向成功的台階

美國十九世紀哲學家、詩人愛默生說：一心向著自己目標前進的人，整個世界都會給他讓路！目標就像人生路上的指標，沒有它，什麼路都不會平順。放大鏡因為有了聚集點，所以在陽光的照射下紙才會燃燒；哥倫布因為心中有了明確的目標，所以才能拉正風帆，義無反顧地朝著美洲前進。有目標，內心的力量才會找到方向。茫無目標的前行，終歸會迷路。

有一個小和尚在一座名剎擔任撞鐘之職。每天的工作就是定時定點地撞鐘。半年下來，小和尚無聊至極。有一天，寺院主持突然宣布調他到後院劈柴挑水，原因是他不能勝任撞鐘之職。

小和尚很不服氣，忿忿地問主持：「我撞的鐘難道不準時，不響亮？」

老主持告訴他說：「你的鐘撞得不僅準時，而且也很響。但是鐘聲空泛、疲軟，沒什麼意義。因為你心中沒有撞鐘這項看似簡單的工作。鐘聲不僅僅是寺裡作息的準繩，更為重要的是要喚醒沉迷的眾生。為此，鐘聲不僅要宏亮，還要圓潤、渾厚、深沉、悠遠。心中無鐘，即是無佛；不虔誠，不敬業，怎能擔當神聖的撞鐘工作呢？」

其實，小和尚的行為即是「做一天和尚，撞一天鐘。」他不僅沒有深刻領悟鐘聲的意義，也沒有確定的工作目標，每天只是簡單地重複工作，所以才會百無聊賴，最終被調離崗位。

目標是一切成就的起點，你過去或現在的情況並不重要，重要的是你將來想要獲得什麼樣的成就。目標是對於所期望成就的事業的真正決心。它不是理想，因為目標可以實現。沒有目標，就不可能發生任何事情，也不可能採取具體步驟。如果一個人沒有目標，就只能在人生的旅途上徘徊，永遠到不了任何地方。

正如空氣對於生命一樣，目標對於成功也有絕對的必要。如果沒有空氣，人就不能生存。那麼如果沒有目標，也就沒有任何人能成功。

因此，人生需要目標，成功需要目標。當然，目標不可定得虛無飄渺，定得不切合實際。因為不切實際的目標，你實現不了，這很容易使你陷入悲觀和失望之中，到時落得吃力不討好的下場。

目標要量力而行，可給自己樹立一個切合實際的總目標，然後，再給自己樹立分目標，分目標是為總目標服務的，分目標容易實現，這能提高你的自信心，會增加你戰勝困難的勇氣。一個一個分目標實現了，那總目標就在眼前，成功也就在眼前。中國有句古語：不積跬步，無以至千里，說的就是這個道理。

那麼，制訂目標到底有哪些好處呢？

(1)**目標能產生積極的心態**。

目標是你努力的依據，也是對你的鞭策。目標給你一個看得見的彼岸。隨著你實現這些目標，你就會有成就感，你的心態就會向著更積極主動的方向轉變。

(2)**目標使你看清使命，產生動力**。

有了目標，對自己心目中喜歡的世界便有一幅清晰的圖畫，你就會集中精力和資源於你所選定的方向和目標上，因而你也就更加熱心於你的目標。

(3) **目標使你感覺到生存的意義和價值**。

人們處事的方式主要取決於他們怎樣看待自己的目標。如果覺得自己的目標不重要，那麼所付出的努力自然也就沒有什麼價值；如果覺得目標很重要，那麼情況就會相反。如果你心中有了理想，你就會感到生存的重要意義，如果這個理想（人生目標）又是由一個個目標群組成的，那麼，你就會覺得為目標付出努力是有價值的。

(4) **目標使你把重點從過程轉到結果**。

成功的尺度不是做了多少工作，而是獲得多少成果。

(5) **目標有助於你分清輕重緩急，把握重點**。

沒有目標，我們很容易陷入跟理想無關的現實事物中。一個忘記最重要事情的人，會成為瑣事的奴隸。

(6) **目標使你集中精力，把握現在**。

目標對目前工作具有指導作用。也就是說，現在所做的，必須是實現未來目標的一部分。因而讓人重視現在，把握現在。

(7) **目標能提高激情，有助於評估進展**。

目標，使我們心中的想法具體化，更容易實現。工作起來有動力，熱情高漲；目標同時提供了一種自我評估的重要方法，即標準。你可以根據自己距離目標有多遠來衡量取得的進步，測知自己的效率。

(8)目標使人產生信心、勇氣和膽量。

信心、勇氣和膽量來自於「知彼知己」。對目標及實現過程的清晰透徹的認識，必然使你從容不迫，處變不驚。

(9)目標使人自我完善，永不停步。

自我完善的過程，其實就是潛能不斷發揮的過程。而要發揮潛能，你必須全神貫注於自己的優勢並且會有高回報的方面。目標能使你最大限度地集中精力。當你不停地在自己有優勢的方面努力時，這些優勢必然進一步發展。

很多人一生根本就沒有什麼目標，小目標沒有，大目標更沒有，因為他們根本不願付出，覺得那是高不可攀。沒有目標的人，就像一個無頭蒼蠅，撞到哪就是哪，撞到岩石上就會頭破血流，撞到槍口上就是死路一條。他們默默地來到世上，又默默地死去，著實可悲！

古人曾言：「不謀全域者，不足與謀一域；不謀萬世者，不足與謀一時。」成功的人生就是一個好的目標體系，在這個體系中，成功的目標絕不是孤立的。因為人有許多目標，如果各個目標之間是完全分離的，沒有聯繫，東一榔頭，西一棒，最終的成功效果，只能是各目標的簡單相加。因此，成功目標，應該是一個目標體系，即人生目標領導下的各個遠、中、近期目標，大目標之下的各類中小目標。各目標之間，還應該有很強的邏輯性，很強的張力。每一個小目標都是人生目標的分解，都是遠大目標的「基因」和「縮影」，而每一個小目標的變化和調整，都會對整個目標體系產生影響，這樣，各目標產生的就是相乘效果，雪球效應。唯有如此，遠大的目標才不會與繁瑣的日常生活相脫節，生活才真正有了精神寄託。

於是，你會覺得，沒有一份工作或小事情卑微到不值得好好去做。正所謂：沒有小角色，只有小演員。也許你目前在生活中扮演的還是一個平凡的角色，但你如果用一個大演員的態度來對待，你就一定會演好稱心如意的「大角色」。有了成功的目標體系，每一件小事都變得有意義，工作、生活就會因此而充滿樂趣與活力，因為它直指我們的人生目標。

馬雅可夫斯基說得好：「工作中，要把每一件小事，都和遠大的固定的目標結合起來。」成功的人生，就是一個好的目標體系。當目標完全融入生活時，人生目標的達成就只剩下時間問題了。

2. 進取心，點燃成功的火種

剛造出來的航海羅盤，沒有磁化前，指標方向混亂；一旦磁化，就被一種神祕的力量支配著，指向同一個方向，永遠指向那裡。在人的身上，這種神祕的力量就是進取心。使我們向目標不斷努力。它不允許我們懈怠，它讓我們永不滿足，每當我們達到一個高度，它就召喚我們向更高的境界努力。

有人向美國薪水最高的職業經理詢問成功的祕訣，他說：「我還沒有成功呢！沒有人會真正成功，前面還有更高的目標。」

進取心是獲得成功的要素，沒有進取心，就沒有積極前進的動力，沒有動力，就不會向成功奮進。進取心是一種積極向上的心態，它能驅使一個人在不被吩咐應該去做什麼事之前，主動地去做應該做的事。

胡巴特曾對進取心做過這樣的說明：「什麼是進取心？我告訴你，那就是主動去做應該做的事情。僅次於主動去做應該做的事情的，就是當有人告訴你怎麼做時，就立刻去做。更次等的人，只在被人從後面踢時，才會去做他應該做的事，這種人大半輩子都在辛苦工作，卻也大半輩子在抱怨運氣不佳。最後還有更糟的一種人，根本不會去做他應該做的事，即使有人跑過來向他示範怎樣做，並留下來陪著他做，他也不會做。他大部分時間都在失業中，因此，難免遭人輕視，除非他有願意供養他的父母。但如果是這種情形，命運之神也會拿著一根大木棍躲在街頭拐角處，耐心地等待他。」

所以，一個人是否能取得生活和事業的成就，擁有一顆進取心很重要，有進取心的人從不為自己設定固定的高峰，而是永遠追求最高、最好。所以，他總是馬不停蹄地往前走，從不懈怠，正因為如此，他才能攀登到人生的最高峰，領略最佳的風景。

進取心是擺脫頹廢的最佳手段。

一旦形成不斷自我激勵、始終向著更高境界前進的習慣，身上所有的不良品質和壞習慣都會逐漸消失，個性品質中，只有被鼓勵、被培養的品質才會成長，而消滅不良品質的最好方法就是消滅它們賴以生存的環境和土壤。

人們通常很早就意識到進取心在叩響自己心靈的大門，但是，如果不注意它的聲音，不給予它鼓勵，它就會漸漸遠離，正如其他未被利用的功能和品質一樣，雄心也會退化，甚至尚未發揮任何作用就消失得無影無蹤了。

即使最偉大的雄心壯志，也會由於多種原因受到嚴重的傷害。拖延、避重就輕的習慣都會嚴重地削弱一個人的雄心，影響一個人的雄心壯志。

如果你發現自己在拒絕這種來自內心的召喚、這種激勵你奮進的聲音，要留神，別讓它越來越微弱以至消失，別讓進取心衰竭。當這個積極的聲音在你耳邊迴響時，一定要注意聆聽它，它是你最好的朋友，指引你走向光明和快樂。

從前在賓夕法尼亞的一個山村裡，住著一位卑微的馬夫，後來這位馬夫竟然成了美國最著名的企業家之一。他就是查理斯・齊瓦勃先生。

齊瓦勃先生是如何獲得成功的呢？齊瓦勃先生的成功祕訣是：每謀得一份工作，他從不把薪水的多少視為重要的因素，他最關心的是新的位置和過去的位置相比是否前途和希望更大。

他最初在鋼鐵大王安德魯・卡內基的工廠做工，當時他就自言自語地說：「總有一天，我要做到這家工廠的經理。我一定要努力做出成績來給老闆看，使老闆主動來提拔我。我不會計較薪水的高低，我只要記住：要拚命工作，要使自己的工作產生的價值，遠遠超過我的薪水。」他下定決心後，便以十分樂觀的態度，心情愉快地工作。在三十歲時，他成了卡內基鋼鐵公司的總經理，三十九歲時，他又出任全美鋼鐵公司的總經理。

齊瓦勃只要獲得一個位置，就決心做到成為所有同事中最優秀的人。當同事抱怨待遇低微時，齊瓦格把注意力集中在工作上。他明白，目前待遇的多與少，與他將來註定要獲得的財富相比，是微不足道的，計較這幾美元是很無聊的。他看清了周圍人的卑微願望和平庸命運，也在自己的卓越之路上默默努力。他做任何事情都保持樂觀的心態、愉快的情緒，他在業務上盡可能做到盡善盡美、精益求精。人們習慣於把難度高的事情都交給他來處理，他漸漸成了公司不可或缺的骨幹。

如果你在一個平庸職位上拿到不錯的薪水，就缺乏向更高職位努力的動力，那是非常遺憾的，說明進取心開始消磨了。其實，你有能力做得更好，甚至有能力自己創業。

如果你認為自己做得很好，可以站穩腳跟了，別人也這麼告訴你，那你應該聽聽這番話：「其實你的薪水不算多，你要是不想爭取更多，恐怕就連這點薪水也不能保住。現在的事情像逆水行舟一樣，不做得更好，就會做得更差。你知道有多少人在盯著你嗎，那些能夠做得更好的人，正等著把你擠下去呢。」

古人云：「哀莫大於心死！」淺嘗輒止、安於現狀、不思進取的人是不會做出什麼大成績。只有那些擁有崇高目標、期望成就大業的人，才會不停地超越自我，拓寬思路，擴充知識，敞開生活之門。進取之心能使你看到的不僅僅是「春色滿園的希望」，它更能使你聯想到「金秋的纍纍碩果」，由此產生自我激勵的動力，並為之辛勤耕耘。「進取之心」是一種積極向上的精神，它能使你永不滿足於已經取得的成績，從而進一步求索、不斷進取、走向新的成功。

現代社會，尤其是現代企業更需要具有高度進取心的人。前微軟全球高級副總裁、Google全球副總裁李開復曾經說過：「三十年前，一個工程師夢寐以求的目標就是進入科技最領先的IBM。那時IBM對人才的定義是一個有專業知識的、埋頭苦幹的人。物換星移，事物發展到今天，人們對人才的看法已逐步發生了變化。現在，很多公司所渴求的人才是積極主動、充滿熱情、靈活自信的人。」任何公司都喜歡那些真正想做點事情的人。這些人往往能自覺地、積極地進行努力，並能不屈不撓地把思想付諸行動，影響和帶動周圍的人去工作。一個人如果進取心不足，在工作中抱應付態度，自然不會提出主動性建議，也不會去開拓工作的新局面。《追求卓越》的作者湯姆・彼得斯被認為是當代最傑出的管理專家之一，在一次講演中，他引用了一位諮詢專家的話，他評價說，這句話可能是英語語言中最重要的話。你猜得到這句話是怎麼說的嗎？

「如果你說不出你能怎樣使公司受益，那你就該走人了！」

就是這句話令湯姆・彼得斯激賞。他說，這句話和我們每個人的職業生涯息息相關，影響我們的命運，決定我們的前途，對於這句話的重要性怎樣高估都不過分。

這就是商業社會的倫理法則。任何一個員工，都不能只是被動地等待別人告訴你應該做什麼，而是應該主動去了解自己應該做什麼，還能做什麼，怎樣精益求精，做到更好，並且認真規劃它們，然後全力以赴地去完成。想想今天世界上的那些成功者，有幾個是懶懶散散、等人吩咐的人？對待自己的分內之事，需要的是以一個母親對孩子那樣的責任心和愛心全力投入、不斷努力。你的成果本身就是你的孩子，你的工作就是你在這個世界上存在的證明，可是捫心自問一下，你真的做到了具有像母親那樣的責任感了嗎？果真能做到這一點，便沒有什麼目標是不能達到的。那麼，你距離成功也就更進一步了。

3. 知識儲備，厚重的成功基石

荀子在《勸學篇》中說：「不積跬步，無以至千里；不積細流，無以匯江河。」就是說世人，沒有日積月累，就不會有知識的豐富；沒有寒窗的勤奮，就不會有成功的喜悅。《三字經》裡有這麼一句話：「玉不琢，不成器。」說的也是這個道理。人生於世，就宛如一塊美玉，即使這塊玉天生再怎麼潔白無瑕，再怎麼光潔華麗，如果不經後天的加工修飾，它永遠都無法成為一件精緻的工藝品。成功，永遠沒有捷徑可行，靠的是勤奮，將點滴積聚的知識加以合理的運用而來的。

然而現實中許多天賦很高的人，卻終生處在平庸的職位上。他們寧可把業餘時間消磨在娛樂場所或閒聊中，也不願意看書。也許，他們對目前所掌握的職業技能感到滿意了，意識不到新知識對自身發展的價值；也許，他們下班後很疲倦，沒有毅力進行艱苦的自我培訓。他們心甘情願陷於頹廢的境地，尚未做任何努力就承認了人生的失敗。如果在這種心態下，也許他連那個卑微的飯碗都不是十拿九穩的。

沒有足夠的知識儲備，一個人難以在工作和事業中取得突破性進展，難以向更高地位發展。在成功之前，一個人要積蓄足夠的力量。在這方面，湯瑪斯・金曾受到加利福尼亞的一棵參天大樹的啟發：「在它的身體裡蘊藏著積蓄力量的精神，這使我久久不能平靜。崇山峻嶺賜予它豐富的養料，山丘為它提供了肥沃的土壤，雲朵給它帶來充足的雨水，而無數次的四季輪迴在它巨大的根系周圍累積了豐富的養分，所有這些都為它的成長提供了能量。」

即使在商業領域也如此。那些學識淵博、經驗豐富的人，比那些庸庸碌碌、不學無術的人，成功的機會更大。

有位商界的傑出人物這樣說：「我的所有職員都從最基層做起。俗話說：對工作有利的，就是對自己有利的。」任何人在開始工作時如果能記住這句話，前途一定不可限量。

一個剛跨入社會的年輕人隨著自己地位的逐步升遷，一定有很多學習的機會，假如他能抓住這些機會，成功就是早晚的事。對於初出茅廬的青年，要隨時隨地注意本行業的專知，而且一定要研究得十分透徹。在這一方面，千萬不能疏忽大意、不求甚解。有些事情看來微不足道，但也要仔細觀察，有些事情雖然有困難險阻，但也要努力去探究清楚。如能做到這一點，他就能清除事業發展道路中的一切障礙。

無論目前職位多麼低微，汲取新的、有價值的知識，將對你的事業大有裨益。我知道一些公司的小職員，儘管薪水微薄，卻願意利用晚上和週末的時間到補習學校去聽課，或者買書自學。他們明白知識儲備越多，發展潛力就越大。

我認識一個年輕人，他出門時間比在家時間還要多得多，但無論到什麼地方，他總是隨身攜帶著書籍、隨時閱讀。一般人輕易浪費的零碎時間，他都用來讀書。結果，他對於歷史、文學和科學，都有相當見地。他為自己的前途而努力，我相信他的付出會有回報。

其實從一個年輕人怎樣利用零碎時間就可以預見他的前途。自強不息、隨時求進步的精神，是一個人卓越超群的標誌，更是一個人成功的徵兆。

有一句格言說：「只因準備不足，導致失敗。」這句話可以寫在無數可憐失敗者的墓誌銘上。有些人雖然肯努力、肯犧牲，但由於在知識和經驗上準備不足，做事大費周折，始終達不到目的、實現不了成功的夢想。

看看職業仲介機構的待業者名錄吧，多少身強力壯、受過高等教育的人在這裡登記，其中大部分人，因缺乏進一步發展的能力而駐足不前、被人超越、丟了飯碗。這些人本來就沒有深厚的根基，工作期間又不注意累積經驗、增加才能，當然會被淘汰。

比如這種人：在商店裡工作多年，只會配合顧客的要求拿東西，對商業一竅不通。他只是在賺錢餬口，不思考，不關心商品的特點和顧客的需求，如果他不被淘汰的話，只能當一輩子售貨員。那些精明強幹、善於思考的年輕人，卻能在短時間內發現一個行業的祕密，時機一旦成熟，就能獨當一面。

我的一個朋友在一個律師事務所任職三年，儘管沒有獲得晉升，但他在這三年中，把律師事務所的專業技巧都學會了，還拿到了一個業餘法律進修學院的畢業證書。一切都是為了開辦他自己的律師事務所。

我還有不少在律師事務所的朋友，按從業時間來說，他們的資格夠老的了，但他們仍然擔任著平庸的職務，賺著低微的薪金。

兩相比較，前者立志堅定、注意觀察、勤於思考、善於學習，並能利用業餘時間深造，他將獲得成功；後者恰恰相反，不管他們是否滿足於現狀，他們這樣庸庸碌碌地混日子，永無出頭之日。

一個前途光明的年輕人隨時隨地都注意磨練自己的工作能力，任何事情都想比別人做得更好。對於一切接觸到的事物，他都細心地觀察、研究，對重要的東西務必弄得一清二楚。他也隨時隨地把握機會來學習，珍惜與自己前途有關的一切學習機會，對他來說，累積知識比累積金錢更要緊。他隨時隨地注意學習做事的方法和為人處世的技巧，有些極小的事情，也認為有學好的必要，對於任何做事的方法都仔細揣摩、探求其中的訣竅。如果他把所有的事情都學會了，他所獲得的內在財富要比有限的薪水高出無數倍。

在工作中增加的學識是他將來成功的基礎，是他一生中最有價值的財富。

如果你真有上進的志向、真的渴望造就自己、決心充實自己，必須認識到，無論何時、無論什麼人都可能增加你的知識和經驗。假如你有志於出版業，那麼一名普通的印刷工會幫助你了解書籍裝幀的知識；假如你熱中於機械發明，那麼一名修理工的經驗也會對你有所啟發。

能透過各種途徑汲取知識的人，才能使自己的學識更加廣博、深刻，使自己的胸襟更加開闊，也更能應付各種各樣的問題。

我們常聽到別人抱怨薪水太低、運氣不好、懷才不遇，卻不知道其實處身於一所可以求得知識、累積經驗的大校園裡；今後一切可能的成功，都要看他們今日學習的態度和效率。

三、個人魅力

眼光敏銳的人能夠從路過的人中指出哪些是成功者，因為成功者的一舉一動都流露著特殊的氣質。如果你與這樣的人交往，會更強烈地感受到他的氣質、了解他與眾不同的地方。

我們都曾經在一些企業或機構中任職，都接觸過一些非常有實力的人物，他們是公司經理、社團領袖、政府官員……他們有不同的個性，但也有一些共同的氣質，這些氣質，是他們出人頭地的重要因素。是他們的個人魅力。

1. 信心和勇氣

一位心理學家曾經說過，多數情緒低落、不能適應環境者，皆因無自知之明，他們自恨福淺，又處處要和別人相比，總是夢想如果能有別人的機緣，便將如何如何。固然，人人都能找出充分理由不滿自己的遭遇。英國政治家威伯福斯就厭惡自己矮小，作家博斯韋爾有一次去聽威伯福斯演講，事後對人說：「我看他站在台上真是小不點兒。但是我聽他演說，似乎人越說越大，到後來竟成了巨人。」這位矮小的人終生反對奴隸貿易，英國廢止奴隸貿易制度，多半是他的功勞。

歷史上最激勵人的成功事蹟，多半是身有缺陷境遇困難，但卻將之視為生命的嘲弄，勇往直前不為其所困的人譜寫的。挪威著名小提琴家布林有一次在巴黎舉行演奏會，一曲未終，一根弦忽然斷掉。他不動聲色，繼續用三根弦奏完全曲；相傳蘇格蘭軍隊當年在西班牙與回教徒作戰時，把已故國王布魯斯的心拋在陣前，然後全軍奮起搶奪，擊敗敵人。這就是前進的方法。掌握你的生命，高懸某種理想或希望，奮力以赴，使自己的生活能配合一個目標。有許多人庸庸碌碌，默默以終，這是因為他們認為人生自有天定，從沒想到可以創造人生。事實是人生存在世上，那是天定；好好地利用自己的生活，使它朝著自己的計畫和目標奮進，這樣就成了人生。

這種堅定刻苦的人成功的原因最少有三個因素。

第一是夢想。偉大的人生以憧憬開始，那就是自己要做什麼或要成為什麼的憧憬。南丁格爾的夢想是要做護士，愛迪生的理想是做發明家。這些人都為自己想像出明確的前途，把它作為目標，勇往前進。

以十九世紀的英國詩人濟慈為例。他幼年就成為孤兒，一生貧乏，備受文藝批評家抨擊，戀愛失敗，身染癆病，二十六歲即去世。濟慈一生雖然潦倒不堪，卻不受環境的控制。他在少年時代讀到斯賓塞的《仙后》之後，就確定自己也註定要成為詩人。濟慈一生致力於這個最大的目標，使他成為一位名垂不朽的詩人。他有一次說：「我想我死後可以躋身於英國詩人之列。」

你心目中要是高懸這樣的遠景，就會勇猛奮進。如果自己心裡認定會失敗，就永遠不會成功。你自信能夠成功，成功的可能性就大為增加。沒有自信，沒有目的，你就會俯仰由人，一事無成。

第二是常識。圓鑿而方柄是絕對行不通的。事實上，許多人東試西試，最後才找到自己真正的方向。美國畫家惠斯勒最初想做軍人。後來因為他化學不及格，從軍官學校退學。他說：「如果矽是一種氣體，我應該已經是少將了。」史考特原想做詩人，但他的詩比不上拜倫，於是他就改寫小說。要檢討自己，在想像你的目標時多用點心思，不要妄想。

第三是勇氣。一個人真有性格，就有信心，就會有勇氣。大音樂家華格納遭受同時代人的批評攻擊，但他對自己的作品有信心，終於戰勝世人。黃熱病流傳許多世紀，死的人無法計算。但是有一小隊醫藥人員相信可以征服它，在古巴埋頭研究，終告勝利。達爾文在一個英國小園中工作二十年，有時成功，有時失敗，但他鍥而不捨，因為他自信已經找到線索，結果終得成功。

如果你能成功地擺脫對自身能力的懷疑，不管遇到什麼困難，都會堅信自己一定能成功，那麼最終你也一定能成功。要知道，你來到世間就是為了在人生中取得成功，對這一點不要有絲毫懷疑。因為一個人如果不相信自己能做從未做過的事，就絕對做不成。只有領悟到這一點，不依賴他人的幫助，不斷努力，才能成功。也許有人會說你不會成功、你生來就不是做某事的料、成功不是為你準備的，對這些閒言碎語，你完全可以置之不理，你要用行動來證明自己的能力。

因為周圍人對我們的判斷，常常取決於我們的自我評價。對於那些非常自信的人來說，周圍的人也會非常信任他；另一些人非常膽怯，從來不相信自己，無法獨立做出判斷，總是依賴別人的意見，對這種人，周圍的人自然也不敢信任。

如果一個人做事時充滿了自主性，能夠雷厲風行，相信自己一定能成功，那麼他就能贏得別人的信任，因為他是自信的。一個人可能在別人眼裡顯得過於自負，但在他自己眼裡，無論多麼自負也不為過。自我貶低的不良習慣對一個人性格的培養極具腐蝕作用，會打擊他的自信心，扼殺他的獨立精神，使他找不到生活的精神支柱。

自我責備、自我貶低是我們所知的最具破壞力的習慣之一。有些人經常以這樣的方式傷害自己，似乎很樂意暗示自己是一個渺小的人、一個毫無價值的人。與別人相比，自己簡直一無是處。

自信心是人生至珍至貴的東西，只有相信自己的人，人家才會把責任放心地託付到其身上。那些遇事害羞、缺乏膽量的年輕人往往沒有自信與判斷力，其實，人來到世上，就應該堂堂正正地站立於天地之間，昂首挺胸，目視前方，毫無畏懼地面對生活。

一個人的成就，絕不會比他自信能達到的更高。分析那些偉人的人格特質，可以看出：他們在開始做事之前，都充分自信。如果一個人不自信，那麼他時刻會受到環境和別人的影響。

如果你能成功地擺脫對自身能力的懷疑，不管遇到什麼困難，都堅信自己一定能成功，因此，最終你也一定能成功。要知道，你來到世間就是為了在人生中取得成功，對這一點不要有絲毫懷疑。

一個人如果不相信自己能做從未做過的事，就絕對做不成。只有領悟到這一點，不依賴他人的幫助，不斷努力，才能稱為傑出的人物。

愛默生說：「如果一個人不自欺，也不會被欺。」你擁有堅定和自信的個性，就不會自欺欺人。總是能對自我和生活做出積極的、實事求是的評斷，就可以不斷塑造自己的品格。

在生活中，不要無端地低估自己，鄙視自己。

應該牢記，自我輕視的態度從來沒有造就出一個真正的成功者，現在不會，將來也不會。當然，建立在淵博的知識、精明強幹的能力和誠實守信基礎上的自信，與建立在自我吹噓、盲目樂觀基礎上的自高自大，有著天壤之別。自信使我們竭盡全力、有條不紊地做自己的事，而自高自大則令人討厭，最後一事無成。一個人能自我尊重，對自己的個性做出積極的評價，可以為生活保駕護航。不僅可以有效地改正不良傾向，也可以在人生之路上避免錯誤的選擇，避免失敗。一個充滿自信、注重自尊的人是不會自甘墮落的。

完全認可自己、忠實自己，是一個人最寶貴的品質。敢於正視自我，如實說出心聲的品格比世上什麼東西都重要。媒體或大眾對你是褒是貶並不重要，只有你自己才能決定自己的命運。

如果一個人在內心沒有對自己完全肯定，即使擁有金錢和地位，也沒有辦法得到真正的快樂和滿足。

不管你擁有萬貫家財還是不名一文，不管你一帆風順，還是身處逆境，心中都要有一座堅強的堡壘，護佑著自己。

哪怕對自己有些不滿的想法，或者對自己有一點不自信的情緒，都有很大的破壞性。也許你認為很正常，其實，你的心態已經出現了問題。你必須立即想辦法糾正和彌補，不能在產生煩惱和憂慮的原因上過多糾纏，更不可得過且過，與消極情緒妥協。如果不能當機立斷，而是猶豫徬徨，困擾在消極情緒中，是非常危險的。

人心中應該有一股神聖的力量，激勵自己自由、健康地發展。人應該胸懷壯志、力爭完善自我，而不要只顧賺錢、滿足於財富的累積。

不管一個人多麼貧窮，只要他在不斷進步，即便是緩慢地進步，生活也是健康向上、充滿希望的。但是，一旦他不再進步了，不再向更高明、更深遠、更強勢的方向發展，生活就會變得死氣沉沉、平庸至極。

永遠不要承認失敗和貧窮，堅信你神聖的權利，昂起頭，勇敢地面對世界。無論遇到任何困難，都要堅定向前。如果連你自己都懷疑自己的能力，那麼沒有人會信任你。要堅信：自己生來就是為了完成這一任務。要發揮你所有的才能，激發你所有的潛力，去承擔重大的責任。

總而言之，你必須肯定自我，這是最重要的。在任何情況下，都不要自暴自棄。

2. 正直誠實

英國十九世紀著名學者薩繆爾・斯邁爾斯在其著作中寫到：「正直和誠實乃安身立命之道」，認為「誠實是堅持原則、人品正直、獨立自主的核心要素，是每個人的第一需要」。

在中國傳統文化中，誠實、講信用是理想人格的核心內容，是社會聯繫的紐帶和社會生活的基礎。古人云：「誠信者，天下之結也。人無誠信不立，家無誠信不和，業無誠信不興，國無誠信不穩，世無誠信不寧。」故「唯天下至誠，方能經倫天下之大經，立天下之大本」。

通觀古今，中外成功人士的創業歷程和人生軌跡，我們可以看到，良好的誠信是成就事業之本，它在現代商業活動中的地位越來越重要。猶太商人曾長期壟斷歐洲鑽石市場的案例就足以說明正直、誠實的商業美德是如何幫助企業獲得長期成功的。猶太商人曾多年壟斷歐洲的鑽石交易，其中一個重要原因就是猶太商人之間的交易成本極低，他們彼此信任，很少簽訂繁複的商業合約，他們僅憑一張有著交易雙方簽名的「白條」就可以讓價值數十萬、上百萬的鑽石穿梭於商人之間。同樣，國內的企業也在努力以誠信造聲譽，以誠信拓商機，以誠信樹形象，以誠信求發展。

在社會生活中，誠信的品格就像一筆豐厚的儲蓄，它會源源不斷地為人帶來「利息」。作為管理者，講誠信可以產生人格魅力，增強親和力和感召力；作為經營者，講誠信可以在商界贏得信賴，降低交易成本；作為普通人，講誠信會受到他人的尊重和信任，擁有真誠的朋友。人們常說的名牌效應，就是誠信的品格在企業和產品中的凝結。人們之所以願意買名牌產品，是因為名牌產品不但其使用價值可靠，而且成為一種文化品位的標識。

當今，一些國際知名企業已從追求商品信譽轉變為追求企業信譽，使得公眾從對某一商品的信賴上升到對生產者和經營者的信賴，凡是某生產者和經營者的商品就有吸引力，就可信任，可見誠信之重要。反過來，失信則會增大交際成本，會使許多簡單的事情變得複雜艱難甚至不可能。為事不以誠，必事敗；待人不以誠，則喪其德而增人怨。「不誠不達，不信不立」，這是亙古不變的人生哲理。從某種意義上說，一個人若失去財產，他只失去了一點。但若失去了誠信，就等於把一切都失去了。所以，但凡有理想、有遠見之人，都把誠信作為其立身行事的基點和最基本的道德要求。

誠實正直也許會使你暫時失去一些東西，有時候，也許會被人嘲笑，但是如果你能堅守這一品格，最後就會成為贏家。真誠的人會贏得更多的機遇，機遇總是去尋找誠實可靠的人！人的天性不會善待不公正的待遇。如果你討厭正直誠實，那麼能給予你機會的老闆和對你信任的顧客同樣也會討厭你。

如果一開始你就讓別人覺到你很狡猾，他人就會自然而然設立一道防護的屏障，來對抗潛在的威脅。在工作中，許多員工以為撒個小謊無傷大雅，從而抱著無所謂的態度，結果卻十分糟糕。如果你正是這樣想的，你會由此對工作不再認真，對公司和與自己的工作不再忠誠，隨之而來的，你會失去誠實正直者所應得的回報。因此，永遠都不要嘗試說謊，只有這樣，你的心靈才會純潔，才能養成自律的習慣，工作和生活的環境才會變得寧靜平和。

對於每一個生意人來說，有一條黃金定律就是「想顧客之所想」。很多商業鉅子的個人創業史表明，他們對交易的對方總是很在意。斯圖爾特先生認為，顧客有權知道真相，不管這樣做會給商家帶來什麼後果，任何職員都不得在任何方面誤導顧客，或者隱瞞商品可能存在的任何缺陷。他曾經向一個職員詢問某種新款商品的銷售情況，職員告訴他：這種商品設計得不太好，某些方面還相當差。這個年輕人拿著樣品對斯圖爾特先生描述著它的缺陷，這時，一個來自美國內陸的大客戶走過來問：「你今天有沒有品質上乘的新東西給我看呢？」年輕的推銷員馬上說：「是的，先生，我們剛剛做出了一種恰好適合您需要的產品。」他一邊說一邊把那個有問題的樣品遞給顧客。他對這種產品的讚賞聽起來非常誠心誠意，於是顧客馬上決定訂購一大批。一直默默旁觀的斯圖爾特先生插話了，他告誡這位顧客不要急於訂貨，再好好檢查一下。然後他讓這個年輕人到財務部門結款，因為從現在開始他不再是公司的員工了。

梅耶・安塞姆給我們講了另一個關於誠實的故事：

梅耶・安塞姆是赫赫有名的羅特希爾德家族財團的創始人，十八世紀末，他生活在法蘭克福著名的猶太人街道上，他的同胞們往往在那裡遭到令人髮指的迫害。雖然關押他們的房門已經被拿破崙推倒了，那時他們仍然被迫在規定時間回到家裡，否則將被處以死刑。他們過著卑微和屈辱的生活，生命的尊嚴遭到踐踏，在這種環境下，猶太人很難保持誠實。但事實證明，安塞姆不是一個普通的猶太人。他在一個不起眼的角落創建了自己的事務所，掛了一個紅盾，他稱之為羅特希爾德，在德語中的意思是「紅盾」。他在這裡做借貸生意，邁出了創辦橫跨歐陸的大型銀行集團的第一步。

當拿破崙把蘭德格里夫・威廉從赫斯卡塞爾地區趕走的時候，威廉還有五百萬銀幣，他把這筆錢交給了安塞姆。當時，侵略者隨時會把這筆錢沒收。安塞姆精明地把錢埋在後花園裡，等敵人撤退後，他再以合適的利率把它們貸出去。威廉返回時，安塞姆差遣大兒子把這筆錢連本帶息還給了他，還附上張明細帳目表，使威廉喜出望外。

在羅特希爾德家族世世代代的成員中，沒有一個人讓家族的誠實的名譽蒙羞，不管在生活上還是在事業上。如今，「羅特希爾德」這個品牌的價值高達四億美金。

商業領域有個信條：「顧客就是上帝，滿意的顧客是最好的廣告。」那些得到良好服務的顧客，會樂意向別人推薦這家商店。

一個成功商人盡可能做到不讓一個顧客失望，這是準則。不滿意的顧客不會成為老顧客、常客。任何一個顧客對他沒有信任感，對他的自尊心是一個巨大的傷害。因為誠實是立業之本。

如果人們在商業交易中都很真誠，講真話，那麼雙方的合作就不會破裂。「不要相信那個做人不誠實的人。」勞倫斯．斯特恩說。同樣的道理，難道我們會相信那些根本就不誠實的人嗎？商業交易需要雙方都做到正直誠實。當人們不再互相信任的時候，就永遠不會達成交易了。

波士頓市長哈特先生說，五十年來，他目睹了誠實和公平交易的深入人心，九十%的成功的生意人都是以正直誠實而著稱，那些不誠實的人的生意最終都會走向破產。他說：「誠實是一條自然法則，違背它的人會受到報應、受到應有的懲罰，就像萬有引力定律不可違背一樣，誠實的定律也是不可違背的。違背的結果就是受到懲罰，不可逃脫的懲罰。他們或許可以暫時地逃避，最終卻無法逃避公道。商人擁有顧客們所需要的東西，同時也需要顧客所擁有的東西。當交易發生的時候，如果雙方都是誠實的，那麼雙方都會受益。對資本家和工人來說，誠實對雙方都是有利的。如果資本家不能誠實地對待工人，那麼資本家不會贏得利潤；反之亦然。就像九十%的成功人士的經驗所證明的，這是一條在生活中的任何方面都行得通的法則。」

同樣地，正直也是一筆值得珍惜的財富。為什麼成千上萬的商人在芝加哥大火中失去所有的財富，卻仍能夠迅速東山再起呢？有人甚至還成了規模更大的批發商。他們並沒有創業資本呀。然而，誠實信用就是他們的銀行帳戶。商業機構認為他們是正直的人。他們從不拖欠，也很勤奮，對所有的人都講信用。這種聲譽就是東山再起的資本。這種聲譽讓一個身無分文的人可以買到數千萬美元的貨物。大火毀掉了商店，卻毀不掉正直的聲譽。

對於準備從事商業的人來說，開始最重要的是了解商界的規則，這些規則中最基本的規則就是誠實和正直。商人們會根據你過去的紀錄採取行動。你的所作所為都要言而有信。一旦進入這個圈子，商業機構就記錄著你的一舉一動。如果你不正直誠實，將會被束縛住；因為信譽就是無價之寶。人們永遠不會借錢給狡猾無恥的人，商人和銀行家根據他們對顧客信譽的評判來決定自己的行動。

薩克雷說：「大自然已在某些人的臉上刻了一個代表信用的符號，無論他在哪裡出現，都將受到尊重。你會全心全意地相信這樣一個人，他們的外表就給人以信任感。在他們的臉上寫著『恪守承諾』這幾個字，與另外一個人的書面保證相比，你甚至更傾向於相信前者。」

一群印第安人圍住一家新開的店鋪，只看不買。當地的印第安酋長來了，他對店主說：「把你的貨物拿來看看。啊哈！我要給自己買一條毯子，給我的妻子買一塊印花布……我的毯子需要付三塊貂皮，印花布需要付一塊貂皮。這樣吧！我明天給你。」

第二天，酋長背著一個大包來了，包裡全是貂皮。「嗨！我給你付帳來了。」他從包裡抽出四塊貂皮，放在櫃檯上，稍稍猶豫了一會兒，他又抽出第五塊，這是一塊特別珍貴、特別稀有的貂皮，他把它也放在櫃檯上。「已經夠了，」約翰把它推回去，「你只欠我四塊貂皮，我只收下我應得的。」他們為四塊、五塊的事推讓了半天，然後酋長的臉上露出了滿意的神色。

酋長把第五塊貂皮放回包袱裡，看了看店主，然後跨出門去，朝他的族人喊道：「來吧！來吧！跟他做買賣吧！他不會欺騙我們印第安人的！他不是個貪心的人！」

酋長又轉身對店主說：「如果你剛才收下最後一塊貂皮，我就會叫他們不要跟你打交道，我們還會趕走其他顧客。但是現在，你已經是印第安人的朋友了。」

天黑之前，這家店鋪就堆滿了毛皮，店主的抽屜裡也塞滿了現金。

為什麼很多公司的招牌名稱沿用數十年甚至數百年前的人名呢？因為它暗示著正直的品格，表明可靠的信用。

無論何時何地，這些名字就像商標和專利一樣，成了誠實可靠的同義語。沒有人會去懷疑他們的產品是怎樣製造出來的，也沒有人會去檢查帶有這些標誌的產品的品質和可靠性。這些名字就是品質可靠的象徵，這種特徵就是高明的保護神，就是最好的廣告，人們談到這些名字總是帶著敬意。

緬因州的一個農場主收穫了一批品質上乘的蘋果，把它們裝在桶裡運輸，一路上完好無損。每個桶上都有他的簽名，還寫道：如果買主發現蘋果有品質問題，或者對他售出的蘋果有意見，務必寫信告訴他。

有一天他收到了一封英國來信，信中說，他售出的蘋果由於品質好而受到了顧客們的稱讚，並且希望他把貨直接批發給英國的經銷商。

事實證明，在西印度群島的各個港口，如果一桶麵粉上刻有「喬治‧華盛頓製——弗農山」的標誌，就可以使麵粉免於檢查——因為這個標誌就是品質好和數量準確的代名詞。無論是用什麼計量方法、無論檢查哪一桶麵粉，品質和數量都是穩定的。它的可靠得到了各地消費者的普遍承認。

斯特拉迪瓦里不需要在他製造的小提琴上貼任何專利標誌，因為除了他之外，沒有一個人甘願為了製造出一流品質的樂器而承受如此巨大的痛苦。許多樂器製造商滿足於製造價格低廉的小提琴，他們嘲弄斯特拉迪瓦里花了一週又一週，一月又一月的時間，去製造一件他們幾天就可以完工的樂器。

但是，斯特拉迪瓦里卻下定決心要使自己的名字成為高品質小提琴的象徵，使他的名字成為商標，能夠永遠保護他製造的小提琴不被仿造。他的品格、他的誠實和勤奮就是他的專利，就是他的商標。除此之外，他不需要任何其他的東西。

刻在精密時鐘上的「格雷厄姆」的名字，足以用來保護他的產品不被仿製。在那個時候，沒有任何其他人能造出像他的產品那樣完美的時鐘。他知道他的泰母本牌和倫敦牌時鐘是當時世界上製作工藝最精良的。他那刻在時鐘上的名字就是優異品質的明證。

整整四分之一個世紀以來，只要瑞普・溫克爾的角色是由約瑟夫・傑弗遜扮演的，人們就知道這場戲一定精彩無比。因為沒有任何一個人能夠像他那樣把一個角色演得如此爐火純青。

半個世紀以來，蒂芬妮把自己的名字刻在銀器和珠寶上，用來保證自己的銀器和珠寶不被仿製。僅此足矣。

現代社會不少老闆都要求雇員採取一些欺騙手段，對商品的瑕疵和顧客的不滿視若無睹。可想而知，在這樣的老闆和「榜樣」的帶動下，年輕雇員們怎能不把騙人的把戲當成商業手法呢？

下面這個精巧的寓言就諷刺了現代人弄虛作假的事：

「四隻蒼蠅餓了。第一隻落在一根誘人的香腸上飽餐了一頓，它馬上得了胃潰瘍，死了，原來，香腸裡攙了苯胺；第二隻蒼蠅的午餐是麵粉，可是它剛吃完就得了胃痙攣，疼得滿地打滾，原來，麵粉裡攙了過量的明礬；第三隻蒼蠅喝牛奶，一陣劇烈的咳嗽又把它噎住了，它不得不放棄這毒藥般的牛奶，因為裡面攙了好多粉筆灰。看到前面幾個夥伴的下場，第四隻蒼蠅可憐巴巴地唸叨著：『我還是早點死了算了，免得活受罪。』它看到一張黏乎乎的紙上寫著『蒼蠅藥』，就飛上去舔，味道不錯，它心滿意足地舔呀舔，奇怪的是，它越吃越精神，越想死可活得越有勁，最後它沒有死，反而比以前更舒服、更有活力了。哎，就連蒼蠅藥也是假的！」

有的公司總是企圖欺騙顧客來購買他們沒有多少價值的商品或服務，使人相信那是「好東西」。這些人或者公司的名字最終會成為品質低劣的同義語，人們在談及他們的時候總是帶著鄙視。人們會尊重貨真價實的銷售商，但從不會尊重一個總是仿冒他人產品的投機者，也不會尊重製假和販假的人。

人們熱愛真理，喜歡那些閃爍著真理光輝的東西，而痛恨虛假。有的人整整一生都在編造花言巧語矇騙顧客，販賣拙劣產品。珠寶、服裝、家具、股票和債券，無所不做。這些所作所為足以破壞一個人正直的品格，侵蝕優秀的才能。

只要從事這種不誠實的、卑鄙的工作，哪怕是只有一點點，你也會覺得心虛氣短。世界上有那麼多高尚而美好的事情可以去做，沒必要去和卑鄙的人同流合污。去和那些製造和銷售貨真價實的商品、從事高尚事業的人一起工作吧！

3. 充滿熱忱

熱忱是工作的靈魂，甚至就是生活本身。熱忱是所有偉大成就的取得過程中最具有活力的因素。它融入了每一項發明、每一幅書畫、每一尊雕塑、每一首偉大的詩、每一部讓世人驚歎的小說或文章當中。它是一種精神的力量，只有在更高級的力量中才會生發出來。在那些為個人的感官享受所支配的人身上，你是不會發現這種熱忱的。它的本質就是一種積極向上的力量。

熱忱是戰勝所有困難的強大力量，它使你保持清醒，使全身所有的神經都處於興奮狀態，去進行你內心渴望的事；它不能容忍任何有礙於實現既定目標的干擾。著名音樂家亨德爾年幼時，家人不准他去碰樂器，不讓他去上學，哪怕是學習一個音符。但這一切又有什麼用呢？他在半夜裡悄悄地跑到黑暗的閣樓裡去彈鋼琴；巴哈年幼時只能在月光底下抄寫學習的東西，連點一枝蠟燭的要求也被蠻橫地拒絕了。當那些手抄的資料被沒收後，他依然沒有灰心喪氣。同樣地，皮鞭和責罵反而使兒童時代就充滿熱忱的奧利・布林更專注地投入到他的小提琴曲中去。

沒有熱忱，軍隊就不能打勝仗，雕塑就不會栩栩如生，音樂就不會如此動人，人類就沒有駕馭自然的力量，給人們留下深刻印象的雄偉建築就不會拔地而起，詩歌就不能打動人的心靈，這個世界上也就不會有慷慨無私的愛。

熱忱使人們拔劍而出，為自由而戰；熱忱使大膽的樵夫舉起斧頭，開拓出人類文明的道路；熱忱使彌爾頓和莎士比亞拿起了筆，在樹葉上記下他們燃燒著的思想。

「偉大的創造，」波義耳說：「離開了熱忱是無法做出的。這也正是一切偉大事物激勵人心之處。離開了熱忱，任何人都算不了什麼；而有了熱忱，任何人都不可以小覷。」

專門研究德拉蒙德的傳記作者喬治・史密斯博士說：「你遇到他的時候，會發現他是一個舉止優雅、衣著得體的紳士，他有修長的身材、輕盈的體態，走起路來腳步像鹿一樣輕快。他的臉上總是掛著燦爛的笑容，似乎沒有憂愁，也不知道什麼是傲慢和羞怯。交談時，他對你說的話總是興趣盎然。他會釣魚、射擊、溜冰、板球、足球……很少有人像他這樣精通多種運動。」

「為了看一場焰火表演或一場足球賽，他不惜長途跋涉。每次見面他都會有新的故事、新的謎語或新的笑話講給你聽。在大街上，他拉著你的手去看兩個送信兒童的惡作劇，在火車上，他給你讀他最喜歡的新故事，在雨天的鄉村農舍裡，他教你做新的遊戲，在聚會上，孩子們為他巧妙的魔術手法大聲喝采。在少年時代，德拉蒙德有男子漢的氣概，成長為男子漢後，他又有一顆童心。」認識他的年輕人把他稱為「王子」。他得到了人們的深深愛戴。他小時候打板球的夥伴馬克拉倫說：「德拉蒙德對人的影響力，超過了我認識的任何人。他有一種神奇的魔力，確切地說，其他人透過言行來影響周圍的人，他卻運用迷人的個性征服人們。」

夏多布里昂說，他曾經見過華盛頓，儘管只有一次，但照亮了他的一生。對於華盛頓，傑弗遜曾經這樣說：「整個國家的信任都集中在你一個人的身上。」

至於了不起的亞伯拉罕·林肯，連他的政治對手史蒂芬·道格拉斯也不得不承認，甚至圍繞在林肯周圍的整個氣氛都是最令人感到安全舒適的。

世界是一個能產生回音的山谷，我們以某種心態和言行影響著周圍的人，他們也以同樣的方式回饋我們。

愛迪生從擁有十八名員工的小企業主成為美國東部的工業鉅子，他的個人魅力發揮著很大的作用。他是一個實幹型的企業家，他的個人魅力主要展現在——用巨大的工作熱情感染員工。他工作起來廢寢忘食，員工們也和他一樣，不知道什麼時候該下班，這不僅因為有公正的加班費和慷慨的獎勵，而且——最重要地——大家都熱愛自己的工作。沒有一個人感到自己在為老闆賣命，看起來老闆比誰都拚命，大家到這兒來，就是和他一起工作。他是公認的天才，但他沒有認為自己很了不起，他就在工廠裡，在乒乒乓乓的敲打聲和刺耳的電鋸聲中開動他那非凡的大腦，成功後還跳非洲舞。他和工人們保持著最佳互動，讓他們參與每一項創造發明，人人都有機會展露自己的聰明才智，自我價值得到肯定，這往往比領薪水還快樂。這股幹勁使企業生機勃勃，而企業蒸蒸日上的好形勢又加倍激勵著他們，愛迪生，就是這個迅速擴張的良性循環的原動力。他的話不多，他從小就不是一個善於辭令的人，但他憑藉與生俱來的、自然流露的、十分簡單的氣質——對工作的熱愛——征服了趣味相投的人們。他並不只是工作，他常常在工廠開宴會，或者帶著員工們去釣魚。

一個人所到之處，認為任何事物都意味著幸福和快樂，每個人都善良和友好，每個人都彬彬有禮、樂於助人，那他一定會感到很滿足。相反，如果他充滿怨恨和抱怨，對什麼事都吹毛求疵、斤斤計較，根本感受不到生活的快樂，認為世界一團黑暗、冷漠無情，那麼他只會壓抑沮喪、悶悶不樂，甚至成為厭世者。

思想消極的人，就像生活在自設的牢獄裡一樣，不停地抱怨生活的不公和黑暗。這些悲觀主義者只看到生活中的失望、災難和腐敗，在他們眼裡，社會總在退步。而樂觀主義者則從正面看待社會，認為人人生而平等，並盡量從好的方面認識他們。人間的真善美和人類的希望與光明，正是依賴這些對世界有著美好認識的人。是他們，而不是那些心理陰暗、行為鄙俗的人推動著文明的進步。溫厚慈祥的臉映照出來的，是寧靜和安詳，能夠讓人暫時忘卻生活的壓力；而一張拉長的臉，只會給人平添煩惱和不安。憂鬱的人對生活只能是窮於應付，而樂觀的人則微笑著主動面對生活。

一位殘廢的老兵在佛羅倫斯的一座公共建築物的臺階上拉小提琴，他的狗叼著他的帽子，接住人們拋過來的硬幣。一位紳士走過來，要過小提琴，調了調音，替他演奏起來。他奏出的天籟之音吸引了很多路人，也讓老兵的帽子吸引了很多硬幣。

帽子沉甸甸的，那條狗已經叼不住了，老兵剛把硬幣收起來，帽子很快又被填滿了。那位紳士體面的穿著和令人陶醉的演奏技藝，與混亂骯髒的街道相映成趣。他演奏了幾首優美的曲目，讓老兵的口袋變得脹鼓鼓的，然後把小提琴還給老兵，一聲不響地走了。

在圍觀的人群中，有人認出他就是著名小提琴家阿瑪德・布切。

和藹可親、心平氣和的人，無論在家裡還是在社會上，時時都能與別人和諧相處。也許，他的事業很成功，但他的能力很一般，根本看不出有什麼過人之處。殊不知，正是他那始終掛在臉上迷人的微笑幫了他的大忙，贏得很多朋友，客戶也樂意與他打交道。

人格優美、性情溫和的人，到處都能受到歡迎、得到幫助。有些商人雖然沒有雄厚的資本，卻能吸引很多顧客，他們的事業因此進展得更快。

4. 培養好習慣

什麼是習慣？凱姆斯勳爵給我們講了這樣一個故事：

一個老水手離開大海，開始過田園生活。但是，多年來他已經習慣了狹窄的甲板，到了開闊的田園，反而感到鬱悶。於是，他造了一座船形的假山，山頂如同船上的甲板，不僅形狀酷似，大小也接近，他整天就在這個靜止的甲板上走來走去。我們說，這是水手的習慣；一位老兵，退役十年來仍然每天早晨五點起來練操，當聽到哨聲，會馬上停下來，擺出立正的姿勢。我們說，這是老兵的習慣。

習慣，就是我們平時習以為常的行為，它是透過人的潛意識實現的一種程式化的慣性。科學證實，人的意識有潛顯之分。顯意識是你警醒狀態的知覺活動，而潛意識則在顯意識之下，靜靜等待。如果把人的意識比作海上冰山的話，顯意識僅僅是冰山一角，人類的許多奧妙，往往都存在於潛意識之中。一個人的日常活動，九十%是透過不斷地重複某個動作，透過潛意識，轉化為程式化的慣性。也就是，不用思考，便自動運作。這種自動運作，即是習慣的力量。

習慣具有神奇的力量，它經常左右著對一個人一生的成敗。班傑明・富蘭克林是美國歷史上最有影響力的偉人之一。作為科學家、作家、外交家、發明家、畫家、哲學家的富蘭克林博學多才，他自修法文、西班牙文、義大利文、拉丁文，並引導美國走上獨立之路。富蘭克林的成功主要來自於他對良好習慣的運用。

富蘭克林在年輕時就發明了一種方法，他首先列出獲得成功必不可少的十三個條件：節制、沉默、秩序、果斷、節儉、勤奮、誠懇、公正、中庸、清潔、平靜、純潔和謙遜；然後，富蘭克林決心獲得這十三種美德，並養成習慣。為此，他設計了一個成功記錄表，每一項美德占去一頁，畫好格子，每天晚上反省時若發現有當天未達到的地方，就用筆作個記號。就是把這些美德化為習慣使富蘭克林最終走向了成功。

當富蘭克林七十九歲時，他把自己的一生記錄在了自傳當中。在那本不朽的自傳中，作者花了整整十五頁紙，特別記敘了他的這一偉大發明，他認為，他的一切成功與幸福都來自於這個偉大的發明，那就是對習慣的控制。

事實也正是如此，習慣對於一個人的影響是非常深遠的。英國唯物主義哲學家、現代實驗科學的始祖、科學歸納法的奠基人培根，在談到習慣時深有感觸地說：「習慣真是一種頑強而巨大的力量，它可以主宰人的一生，因此，人從幼年起就應該透過教育培養一種良好的習慣。」一九九八年世界首富比爾•蓋茲和巴菲特應邀到華盛頓大學演講，當學生們問他們「怎麼變得比上帝還要富有」時，巴菲特的回答是：原因在於習慣、性格和心態。良好的習慣就如同自己栽種的一棵小樹苗，只有從它栽種下來的那一刻起，讓它生根，以後它才能茁壯成長。一個旅行者，每到一處都有尋找奇異的小石子作留念的習慣。直至有一天他卻在一條由融雪匯聚成的冰冷的溪流裡，發現了一顆碩大的鑽石。這個偶然的富有戲劇性的發現，不正是這個旅行者的習慣所賜的嗎？因此，在習慣形成之前，我們就應該確立它的方向，努力培養自己的好習慣。一旦好習慣養成了，它們就會像樹苗那樣，牢固而忠誠地成長。

在由幼苗長成參天大樹的過程中，習慣被重複的次數越來越多，存在的時間也越來越長，它們也越來越像一個自動裝置，越來越難以改變。當習慣根深柢固時，一個人可以透過它而不是神經中樞來指導行動，讓心智解放出來，做更有意義的事或者進行更有意義的娛樂。

但是，某些習慣對人的影響卻是負面的，甚至是消極的。聽說過大象「水旺」的故事嗎？

大象水旺自小就被放進了動物園，鼻子被一根鍊條拴在了木樁上。有一次牠想掙開鐵鍊到外面去玩玩，沒想到掙得太猛，把鼻子弄得很疼。「水旺」眼裡含著淚，心裡自言自語：「我這頭小象是掙不開這個鍊條的。」半年後，「水旺」又想到大街上去轉轉，一掙鍊條，又把鼻子弄得疼痛。牠想：「我這頭小象是掙不開這根鍊條的。」兩次失敗，兩次心中的自言自語，使得牠從此再也不敢去掙開那根鍊條。後來，年復一年，小「水旺」長大了。但是，此時的牠，從不想到外面去看看，因為牠以為自己是不可能掙脫鍊條的，而實際上，這時的牠只要用力一掙，就可以到外面瀟灑走一回。水旺從小到大，從大到老，終於老死在象房。「水旺」的悲劇告訴我們，習慣是意識的使然。「水旺」之所以最終老死象房，主要原因是基於牠從兩次掙脫動作中得出的一種負面認知：我是掙不脫那根鍊條的。正是這兩次自我否定的暗示，讓這種評價進入了牠的潛意識之中。因此每當碰到同樣的事，就成為牠習慣性反應。這種習慣性反應決定了水旺的一生必將留在象房裡。

幸運的是，人類是思維的主體，我們每個人都擁有選擇習慣的能力。我們每個人也完全可以有目的地改變習慣，建構一整套有助於我們成功的日常行為規律。自己做主，選擇自己想要的生活，即做習慣的主人。其實當我們認真思考一下所有成功人士的特性時，我們會發現他們都有一個共性，那就是，基於良好習慣構造的日常行為規律。各個領域中的傑出人士，無論是成功的運動員、律師、政客、醫生、企業家、音樂家、銷售員，以及所有專業領域中的佼佼者，在他們的身上你都能發現這樣一個共性，那就是良好的習慣。正是這些好習慣，幫助他們開發出更多的與生俱來的潛能。當然，他們身上並不一定沒有壞習慣，但是，好習慣一定更多。一般成功人士都具有以下七種習慣：

習慣一：主動積極

主動積極即採取主動，為自己過去、現在及未來的行為負責，並依據原則及價值觀，而非情緒或外在環境來下決定。主動積極的人是改變的催生者，他們揚棄被動的受害者角色，不抱怨別人，發揮了人類四項獨特的稟賦——自覺、良知、想像力和自主意志，同時以由內而外的方式來創造改變，積極面對一切。他們選擇創造自己的生命，這也是每個人最基本的決定。

習慣二：以終為始

所有事物都經過兩次的創造：先是在腦海裡，其次才是實質的創造。個人、家庭、團隊和組織在做任何計畫時，均先擬出遠景和目標，並據此規劃未來，全心投注於自己最重視的原則、價值觀、關係及目標之上。對個人、家庭或組織而言，使命宣言可說是願望的最高形式，它是主要的決策，主宰了所有其他的決定。領導工作的核心，就是在共有的使命、願望和價值觀之後，創造出一個文化。

習慣三：要事第一

要事第一即實質的創造，是夢想（你的目標、願景、價值觀及要事處理順序）的組織與實踐。次要的事不必擺在第一，要事也不能放在第二。無論迫切性如何，個人與組織均針對要事而來，重點是，把要事放在第一位。

習慣四：雙贏思維

雙贏思維是一種基於互敬，尋求互惠的思考框架與心意，目的是更豐盛的機會、財富及資源，而非患不足的敵對式競爭。雙贏既非損人利己（贏輸），亦非損己利人（輸贏）。我們的工作夥伴及家庭成員要從互賴式的角度來思考（「我們」，而非「我」）。雙贏思維鼓勵我們解決問題，並協助個人找到互惠的解決辦法，是一種資訊、力量、認可及報酬的分享。

習慣五：知彼解己

當我們捨棄疑惑的心態，改以了解的心態去聆聽別人，便能開啟真正的溝通，增進彼此關係。對方獲得了解後，會覺得受到尊重與認可，進而卸下心防，坦然而談，雙方對彼此的了解也就更流暢自然。知彼需要仁慈心；解己需要勇氣，能平衡兩者，則可大幅提升溝通的效率。

習慣六：統合綜效

統合綜效講的是創造第三種選擇——既非按照我的方式，亦非你的方式，而是第三種遠勝過個人之見的辦法。它是互相尊重的成果——不但是了解彼此，甚至是稱許彼此的歧異，欣賞對方解決問題及掌握機會的手法。個人的力量是團隊和家庭統合綜效的利基，能使整體獲得一加一大於二的成效。實踐統合綜效的人際關係和團隊會揚棄敵對的態度（1＋1＝1／2），不以妥協為目標（1＋1＝3／2），也不僅止於合作（1＋1＝2），他們要的是創造式的合作（1＋1＝3，或更多）。

習慣七：不斷更新

任何人的成功都代表過去，只有不停地認識到自己的問題，看清自己的路，給自己找準方向，不斷地走下去，才可能立於不敗之地。商業活動如此，經營管理如此，做人也是如此。一旦停滯，就意味著被淘汰，意味著失敗。所以，不斷更新將意味著更強的生命力。

我們沒有人喜歡失敗，都希望自己能夠成功，但是要成功就必須同壞習慣徹底決裂，同時要培養一些好習慣。都說「習慣成自然」、「江山易改，本性難移」，要改掉自身的壞習慣，必須付出改變現狀的代價。在現實生活中，我們總是容易忽視習慣形成的生理基礎。對一個行為的每一次重複，都會增加我們再次實施它的機率。而且我們還發現自己的體內有一種神奇的機制，那就是傾向於不斷的、甚至是永久性的重複。這種傾向的靈活機敏性也隨著重複次數的增加而不斷地提高。最終的結果是，開始的行為，由於自然的條件反射，成了自動的行為，不再受大腦的控制。因此，我們總是難以改掉自身的壞習慣，除非你具有非凡的意志力。「我曾無數次立下誓言，如果我能夠做一個正直高尚的人，我願意放棄整個世界。」一個不幸的、備受惡習折磨的人這樣說，「但是二十四小時之後，我又會因為一個小利的誘惑而犯罪。」

壞習慣就像一棵長彎的小樹，你不可能一下子把它弄直。要想糾正它，你可以搬來兩塊大石頭，夾住它，用繩子捆緊。它不是一朝一夕能糾正的，這需要幾個月，甚至一兩年。

「我怎樣才能改變一個習慣？」

唯一的答案是：你當初怎麼養成這個習慣，現在就怎麼來克服它。

倘若以前你一步步墮入了惡習，現在就一步步走出泥淖。

倘若以前你屈服於誘惑，現在就堅定地拒絕它。

凡是渴望成功的人，都應該對自己平時的習慣做深刻的檢討，把那些妨礙成功的惡習一一找出來，然後按照如下三步走即可。首先要分清哪些是好習慣，哪些是壞習慣。這件事是最容易的，每個人心裡都清楚得很。其次是你是否想改變。這是一個比較令人頭痛的問題，因為絕大多數人害怕改變，喜歡安於現狀。儘管他們有時對現狀不滿，但如果真的讓他做出行動，他就會退縮。你要記住，如果你不想改變，原地不動，那你就只能看著別人成功。最後要行動起來。對於已有的好習慣要繼續保持，對於壞習慣要堅決改掉，對於不具備的好習慣要悉心培養。可以先從小事做起，循序漸進。如赴約時，至少要提前五分鐘到達；如當你決定做一件事時，就應該立刻行動起來……若能持之以恆地糾正它們，那麼壞習慣就一定會被你拒之門外。

四、職業精神

把夢想變為現實，一定要做三件事：第一、使目標具體化；第二、集中精力，全力以赴；第三、付諸行動。這一過程中，所有必須的條件都取決於自己，而不是別人。凡成功者，都善於當機立斷，一旦決定就全力以赴。

1. 拒絕拖延　立即行動

世界成功學之父拿破崙．希爾認為：要成為一名成功人士，你必須積極地努力，積極地奮鬥，成功者絕不拖延，拖延者很難成功，永遠都不要對自己說：「明天再去行動！」拖延是行動的死敵，也是成功的死敵。拖延使我們所有的美好理想都變成真正的幻想，拖延令我們丟失今天而永遠生活在「明天」的等待之中，拖延的惡性循環使我們養成懶惰的習慣、猶豫矛盾的心態，這樣就成為一個永遠只知抱怨歎息的落伍者、失敗者、潦倒者。也許有人會說，在某些狀況拖延一下也是被容許的，例如在疲倦、沮喪或者憤怒的時候，中斷工作比勉強繼續的效果要好。實際上，拒絕拖延並沒有對合理的等待提出異議，我們也相信優秀的人都不會因此而為自己的拖延尋找藉口，不會因此逃避真正需要馬上執行的工作。

在二〇一四年四月五日《商業周刊》評出的五十家標準普爾表現最佳公司中，埃克森－美孚排名第二十三位，並在《財富》評出的全球五百強中排名第二。二〇〇三年，公司利潤為二百一十五億美元，比二〇〇二年增長九十一％，股東回報達到一百一十五億美元。在這家公司高階領導層的辦公室裡幾乎都懸掛著一個數位電子白板，白板上一直顯示著這樣一段話：「絕不拖延！如果我拖延下去，我將會怎麼樣？如果將工作拖到以後再去做，那麼會發生什麼？」「絕不拖延」是這家公司員工行為的重要準則之一。公司負責人這樣解釋說：「絕不拖延，我們就可以輕鬆愉快地生活和娛樂。避免拖延的唯一方法就是隨時開始行動，而隨時開始行動，首先必須認識到自己工作的重要性。另外必須記住的是，沒有什麼人會為我們承擔拖延的損失，拖延的後果只有我們自己承擔。如此一來，我們就可能在一個龐大的公司裡，創造出每一個員工都不拖延哪怕半秒鐘時間的奇蹟。」

拖延，在我們每個人身上都或多或少、或這或那地存在著。我們常常因為拖延時間而懊惱不已，然而下一次又會習慣性地拖延下去。這種現象，我們幾乎可以不時遇見，以至於我們不以為然，以為它就是人的一種不可改變的本性。例如拖延時間，看似人的一種本性，實質上是在工作和生活中養成的一種極其有害於工作和生活的惡習。幾乎人人都希望在工作和生活中消除因拖延而產生的各種憂慮，但是，不少人卻沒有將自己的願望付諸於行動，不知道自己所推遲的許多事情其實都是可以儘早完成的。作為一個職業人，曾經有過某一些拖延的行為，其實並不會導致多麼嚴重的後果；真正能夠導致嚴重後果的，是拖延成習並且還竭力加以掩蓋——為拖延尋找藉口。

下面是一些解決拖延毛病的思路：

（1）拖延不是一種無所謂的耽擱。

一個CEO可能因為沒能及時做出關鍵性的決定而遭到失敗，很多損失是無法挽回的，這就像延誤了看病時間，就會給人的生命帶來無可挽回的影響一樣。

（2）鎖定一個習慣拖延的具體行為加以改進，一種得到解脫和成功的感覺將會幫助我們全面地克服它。

（3）擬定一個完成工作任務的期限，給自己加壓，並實行公眾承諾，讓身邊的人都知道我們的期限，讓他們看到我們如期完成，否則，就要「裸奔」。

(4)有些人因為過分追求完美而拖延了時間，總想在萬無一失的情況再去行動，其實十全十美是不存在的。

(5)如果你因為害怕見老闆或客戶而遲疑不決，唯一的辦法就是現在就拿起電話或現在就去。

(6)諸如「再等一會兒」、「明天開始做」、「天又下雨了」、「今天不舒服」這樣的語言或心理意念，實質上是一種藉口，這是弱者的表現，必須馬上清除它們。因此別再拖延了，現在就動手做吧！

不要害怕承擔責任，要立刻下定決心，你一定可以承擔任何正常職業生涯中的責任，你一定可以比前人完成得更出色。世界上最愚蠢的事情就是推卸眼前的責任、等待「時機成熟」。在需要承擔重大責任的時候，應該馬上承擔它，此時此刻就是成熟的時機。如果不習慣這樣做，即使將來的條件比現在更好，我們也不敢甚至不能肯定時機是否成熟。這樣，就什麼事也做不了。

造船廠有一種力量強大的機器，能把一些破爛的鋼鐵毫不費力地壓成堅固的鋼板。善於行動的人就像這種機器，異常堅定，只要決心去做，任何複雜困難的問題都無法阻止他們。

一個目標明確、胸有成竹、充滿自信的人，絕不會把自己的計畫拿出來與別人反覆討論，除非他遇到了比他見識高得多、比他能力強得多的人。他有主見，迫切需要行動，不會在徘徊觀望中浪費時間，也不會在挫折面前氣餒。只要做出了行動的決定，就勇往直前。

2. 實幹精神使你脫穎而出

實幹務實的精神歷來是中華民族的美德。自古君子就崇尚實幹，《論語》有言：君子恥其言而過其行。古人評價君子的標準之一，也用「道雖邇，不行不至，事無小，不為不成」，「敏於事而慎於言」。君子的力量永遠是行動的力量，而不是語言的力量。現今社會，隨著人們的價值標準取向的不同，我們在提倡實幹精神的同時，更賦予它以新的內涵。

人們常說「空談誤國，實幹興邦」，實幹就是勤奮，就是力量，就是努力實現自身價值的動力。因為有了實幹精神，所以人類才會不斷進步，才能不斷地改造自我。作為企業家，愛迪生就是實幹型的。他二十三歲辦工廠，招募了一批熱愛發明創造的工程師、工匠，層出不窮地推出各種電氣發明，這些人都熱愛自己的工作、迷戀自己充滿創造力的頭腦和雙手，都是工作狂，而愛迪生是其中「最瘋狂的工作狂」。他每天的睡眠時間不到四個小時。他的辦公桌就在工廠一角，每當完成一項發明，他就手舞足蹈。就是這種勤奮實幹的精神，使他最終成為歷史上赫赫有名的「發明大王」。

但是時下，許多企事業單位在選拔聘任幹部時，往往把口才作為一個非常重要條件來考查。有的人儘管人格、敬業精神、工作能力都不錯，就是因為口才不怎麼出眾，只會做不能說，而名落孫山。而有的人工作能力有限，僅憑著一張能說會道的嘴卻榜上有名。古人云：一言之辯勝過百萬雄師，作為一個現代人，有一個夸夸其談、口若懸河的口才，無疑是一種值得自豪的能力。客觀地說，口才確實是人才應該具備的重要素養，不管是做管理工作，還是做市場調查、產品推銷，都離不了一副好口才。但是光有「嘴功」，沒有真才實學，必將敗國。歷史上這種例子很多。古代的趙括、馬謖，從小熟讀兵書，對軍事理論說起來頭頭是道，能言善辯，但都是紙上談兵，派不上用場，由於不會領兵打仗，對書本理論只是照本宣科、按章行事，缺乏必要的戰場軍事指揮經驗，最終兵敗如山倒，甚至丟掉了自己的性命。因此，現代社會我們切忌缺乏實幹精神。

很多人心存這樣的想法：人人都在命運之神的掌握之中，所以，只要等待好運降臨就行了。這是一個可怕的念頭，對人的天賦、智慧、品格禍害最大的莫過於此。

要鼓起勇氣、拿出力量、採取行動。常常對自己說：「我要完成它！」以這種態度做事，沒有不成功的道理。

一百多年前有一位家住羅德島的人，他殫精竭慮，砌了一堵石牆，就像一位大師要創作一幅傑作一樣，其專注程度甚至有過之而無不及。

他翻來覆去地審視著每一塊石頭，研究這塊石頭的特點，思考如何把它放在最佳位置。砌好以後，從不同的角度，再細細打量，像一位偉大的雕刻家，欣賞著粗糙的大理石變成的精美塑像，其滿足程度可想而知。他把自己的品格和熱情都傾注到了每一塊石頭上。

每年，到他的農莊參觀的人絡繹不絕，他也很樂意解說每一塊石頭的特點以及自己是如何把它們的個性充分展現出來的。

你會問砌一堵石牆有什麼意義？這堵圍牆已經存在了一個多世紀，這就是最好的回答。一個人只有靠自己奮鬥、竭盡自己的心智、克服無數的艱辛謀到職位，才算得上真正的光榮，才能獲得別人的信任和尊重。如果你現在的職位並非經過自己的苦幹，而是藉由其他方式謀到的，那你做起事來感覺一定不太好。如果是由於父親的面子，或其他親友的提攜，在現在的職位上，你一定會覺得工作非常生疏難做，因為這個職位不是你腳踏實地謀得的。

迪恩·法拉說：「工作是人類與生俱來的權利，至今仍保存完好，它是最有效的心靈滋補劑，是醫治精神疾病的良藥。這從自然界就可以得到展現。一潭死水會逐漸變臭，奔流的小溪會更加清澈。如果沒有狂風暴雨，沒有颶風海嘯，地球上全部是陸地，空氣靜止不動，這樣的世界就毫無生趣。在氣候宜人、四季溫暖如春的地方，人們十分愜意地享受著生活，自然容易無精打采，甚至對生活產生厭倦。但是，如果他每天要為自己的生計奔波、與大自然作激烈的搏鬥，他就會精神抖擻，經受各種鍛鍊，發展出最強的力量。」

富蘭克林說：「在我們中間，有不少能工巧匠和勞動者，受到了一夜暴富的空想的蠱惑，荒廢了自己的本行，幾乎毀了自己和家庭。他們鬼迷心竅地尋找幻想中的寶藏，在樹林和灌叢中遊蕩，尋找一些記號，半夜裡，他們帶著鐵鍬趕到有希望的地點，由於害怕傳說中守護寶藏的厲鬼，他們的每個關節都在發抖。他們刨出一個大坑，挖出幾車土，但是天哪，什麼匣子或鐵罐也沒有！也沒看見盛著西班牙古金幣的水手的箱子！他們以為在行動中出了什麼差錯、說錯了什麼話或違反了什麼清規戒律，讓神靈生氣了，讓寶貝沉得更深了。」

「誠實的彼得・柏克蘭，徒勞地尋找這種寶藏已經很久了……讓他想想，在作坊裡賺的一分一厘正在積少成多，幾天過去就相當於一塊金幣了；也讓費伯想想他釘進去的每顆釘子、刨出的每一片木屑的價值吧。這類想法會讓他們勤勉。其實，他們有可能在一定時間內致富。為了那種可笑的胡思亂想，一天天泡在喬治的酒店裡，和無所事事的星相預言家一起策劃怎麼去尋找那些從來沒有被埋藏的東西，也不管家裡離開了他們這些經濟支柱，會怎麼倉皇應付生計，就在深更半夜離開妻子和溫暖的床（假定是在所謂關鍵時刻，無論下雨、落冰雹、下大雪還是颳大風），迫不及待地跑去挖那永遠找不到的東西，就算不送命，也把自己弄的衰弱不堪、好些日子不能工作，這是多麼荒唐啊！的確，這是真正無與倫比的傻瓜和瘋子。」

「我要用這樣的話來結尾，這些話是我的一位謹慎的朋友，賈斯特郡的亞格里柯拉，在把一座大好莊園交給兒子時說的：『我的孩子，現在我把一大塊寶貴的土地交給你，我向你保證，我靠挖掘它而得到了一大堆金子，你不妨也這樣做。但是你得小心，絕不要掘過了一犁頭深。』」

富蘭克林強調實幹精神，而他自己就是一個實業家。在印刷廠打工時，他迅速、出色地掌握了專業技能，憑實力成為領高薪的工頭。在上班時間他以最高的效率工作，在工作之餘他抓緊時間讀書。他用自己賺的錢買機器設備，籌辦自己的印刷廠，並且在競爭中獲勝。從小到大，在印刷廠工作、博覽群書、筆耕不輟，使他成為極其嫻熟的印刷技師和出色的作者。

創業初期，他插手印刷廠和報紙的一切事務——撰稿、編輯、策劃廣告、排字、印刷、修理設備……那些簡陋的印刷機難免會出一些故障，他就是通宵達旦地工作也要爭取解決故障、按時完成業務。他沒有時間去娛樂場所，沒有時間和人閒聊，沒有時間釣魚打獵，只把少得可憐的閒暇時間用於讀書。總之，他一直在行動。他在科學上的貢獻更是舉世矚目，如果沒有實幹精神，他無法做出這麼多的貢獻——他揭示了電的本質，提出了「正電」和「負電」的概念，用普羅米修士式的行動揭開了雷電的祕密，在光學、熱學、聲學、數學、海洋學、植物學等方面都有造詣，還發明了避雷針、新式火爐、電輪、三輪鐘、雙焦距眼鏡、自動烤肉機、玻璃樂器、高架取書器、新式路燈……一個人身上集中了如此之多的成就，實在令人驚訝。

要提升自己的人格、發展自己的個性，最重要的是立即採取行動，去做你想做的事情。如果你缺乏勇氣、忍耐力、魄力、決斷力，那就磨練自己具備這些能力。應該深信，上帝賦予你一種神奇的力量，使你能夠改變自己。

第四部《圓融的智慧》

詹姆士·艾倫

這是一本點亮智慧靈明的書，它帶你認清自我，尋向幸福和諧。詹姆士·艾倫的智慧語言曾鼓舞、啟發了無數人。

在《圓融的智慧》一書中，他為人們提示了幸福的真諦。原來，幸福與痛苦，其實就在人們的一念之間。只有正視靈魂的渴望和缺憾，放棄自私、偏執與妄念，才能使內心得到真正的平靜滿足。

作者簡介
詹姆士・艾倫

詹姆士・艾倫（一八六四～一九一二），英格蘭著名作家，被譽為「人生哲學之父」，出生於英格蘭的一個富商家庭。由於家境的逆轉使他不得不在十五歲的時候離開學校。但是，其內心深處始終沒有放棄對理想的追求，直到一九〇二年，他毅然辭去了工作，和妻子一起搬到英格蘭西南部海邊的小農莊。在那裡艾倫受自己的心靈導師——托爾斯泰的啟發，過著一種清貧、自律的簡單生活，直到去世。在這期間，他一共寫了十九本書，真知灼見豐沛如海，激勵、鼓舞了一代又一代的讀者，煥發出永久的生命力。艾倫的個人生涯和思想無不彌漫著一種濃厚的神祕色彩。他在四十八歲時突然離開了人世，成為文學史上的一個不解之謎。

1. 正義的原則

正義就是靈魂的偉大需求，靈魂在正義的基礎上就可以無憂無慮地立於世間生存的風暴之中，不再感到迷惑，同時也可以為幸福而美好的生活建立一座宮殿。

人生幸福的目標，就存在於這項原則的實現，它也是所有永恆祝福的來源和倉庫。找到它，就找到了一切；失去它，就失去了一切。它是一種思考的態度和意識的狀態，其中不再有生存的競爭，而靈魂也會安歇在一片富足裡。在那裡，它一切偉大的需求都能夠得到滿足，既無需掙扎也不必恐懼。

善於運用心智的人可以得到幸福，因為這樣的尋求絕不會落空。

2. 自然的真諦

人們對大自然法則的看法各不相同，有人說它們是殘酷的，也有人說它們是仁慈的。其實它們既不殘酷也不仁慈，而是絕對公正的。

大自然中隨處可見的殘酷現象，及其引發的痛苦，但這並非出自生命的核心和本質，而是其進化的過程和必經的階段。這些痛苦的經歷，終究會成熟並結出更加完美的知識之果，宛若懷著恐懼和無知的黑夜，迎向充滿陽光和喜悅的清晨。

如果一個無助的小孩被烈火吞噬燒死，我們就會認為是由於孩子的無知，或是家長的疏忽所致，而絕不會認為是由於自然法則的殘酷。即使如此，人類還是常常被激情的無形烈焰所吞沒，屈服於彼此間永無休止的心靈力量的激烈交戰，愚昧地毀滅自己。但最後他們終將會懂得如何控制和運用那些力量保護自己。

完全了解和掌控自己靈魂的無形力量，是所有生靈最終的命運。曾經有一些人達成了這項至高無上的目標。現在，同樣有一些人也成功了，他們進入了那安身之所，在那裡不需爭戰，也無需受苦，就能擁有幸福和快樂。

3. 競爭是無情的

在寒冷的冬季，當小鳥們處於饑寒交迫時，牠們會和平共處，身體擠在一起取暖，不會發生任何衝突。也往往是在這個時候，我和我的家人會拿出一些食物給鳥兒。於是，我發現了這樣一種現象：如果給牠們少量的食物，牠們彼此間不容易起爭端，可是如果丟給牠們過量的食物，牠們馬上會為了垂涎多出來的那一份而打起來。

如果拿出一整條麵包來，即使那夠牠們吃上好幾天，但牠們還是會進行更長時間的爭鬥。有幾隻在狼吞虎嚥再也吃不下後，還會站在那條麵包上，並在附近盤旋，對所有的新來者狠狠地一啄，阻止牠們靠近，試圖讓牠們一口也吃不到。除了這激烈的爭奪戰外，鳥兒們還有一種極大恐懼，每吃一口，就會緊張地四處張望，唯恐失去自己的食物甚至是性命。

這個故事雖然殘忍，但卻是事實，說明了自然和人際間的競爭法則的基礎和外在因素，並不是貧乏，而是富足。由此可以看出，如果一個國家變得更為富裕和奢侈，為了維繫生活需求和享受所從事的競爭也就會變得更激烈。

如果一個國家處於饑荒之中，憐憫同情就會取代了你爭我奪。在施與受的幸福中，人們首先會品嚐到，由心靈的智者所發現宛如置身天堂的喜悅，這也是所有的人最終都會到達的境界。

因此我們一定要謹記一個事實：製造競爭的不是貧乏，而是富足。它所闡明的不只是本書所提及的言論，而是一切有關社會生活和人類行為的問題。如果你能夠深入和慎重地去思考它，並將其應用到個人的行為上，那麼你通往幸福國度的道路將更加順暢。

4. 超越自我

超越自我，並因此超越自私的人，會不會在歷盡千辛萬苦淨化自己以後，而因為身邊那些人的自私和競爭而受苦呢？

不，不會的。一個已經超越了自我的人，不會受制於那些任由自私行為所操控的法則，也就是說，一個人只會因為他自己的自私而受到懲罰。自私的人的確都受到競爭法則的約束，而且每個人都不同程度地成了為別人帶來痛苦的工具。從表面上看，就好像人們的受苦是為了別人而不是因為自己的罪行。然而，宇宙之中最基本的法則就是和諧，各事物之間只有和諧無間，才能得以維持和生存，每個人必須接受自己分內的調整，而且自己的苦由自己來承受。

每個人都受制於自己而非他人的本性。如果他選擇和另一個人在相同條件下生活，那麼他的確會和這個人受一樣的苦，甚至還會透過此人作為工具。然而他如果要選擇放棄那樣的條件，並生活在那個人一無所知的更高層次的條件裡，他將不再受制於較低層次的法則，更不會受其影響。

5. 淨化自我

一個人要怎樣才能擁有靈魂的家園？要用什麼方式才能克制住內心牢不可破、根深柢固的自私？要經過什麼樣的過程才能找到能為他驅散黑暗的光明？要擁有靈魂的家園必須先淨化自己，而要做到這一點只有貫徹自我檢討和自我分析的過程。要消除自私之前必須先對它有所發現並進一步了解，自私是無法自生自滅的。只有光明才可以消除黑暗，只有知識才可以驅散無知，自私也是如此。

如果認識到自私並不代表穩定、安全和平靜，尋找人生幸福的整個過程，就會轉化為對一項永恆原則的追求。人們可以安穩地立於這個原則上，擺脫自私中個人的因素，以及在自我心理強制下的暴行和奴役。

一個人在找到「神聖的自我」之前首先必須願意放棄自己「自私的自我」。他必須清楚地認識到自私完全不是一個值得侍奉的主人，不值得堅守不放，只有神聖的美德才是值得愛戴，可以將之視為一生中至高無上的主人。對此，他必須有堅定的信心，因為少了這項要素就不會有進步或成就了。

他必須相信淨化是令人嚮往的，正義是至高無上的，誠實具有永恆的力量；他必須一直秉持著神聖的美德，努力不懈並且絕不退縮地去完成它。這份信心就像一盞油燈，必須保持燃燒，並仔細修剪燈芯，因為只有火焰才能讓黑暗得到光明。當火焰越來越強烈，燃起的光線就越來越穩定，信心和精力也會同時增加，他的進展隨著前進的腳步而加快。最後，知識之光開始取代信心之燈，黑暗也開始在燦爛光輝中消失。

6. 心靈簡化

從自私自利到無私博愛的過程，可以用這樣的文字作為總結：行為的管理和淨化。如果全力追求這一過程，必定能夠走向完美幸福的人生。

一旦掌控了自己內心的神聖力量，他便會對在那些力量領域中運作的一切法則有所認知，再看清了自己內心的因果循環，心中有了領悟後，他明白這些力量足以改善全人類。

而且，他看出人世間的所有法則都是人們內心需求的直接結果，如果將那些需求加以改造和變化後，再根據改善後運作的法則為依據，控制和克服身體內自私的力量，如此，他就可以不再受制於為了掌控它們而訂定的法則。

這是一種心靈簡化的過程，它將一切多餘的除去，只留下性格中最純真的真金。經過這樣的簡化，表面看來深不可測、錯綜複雜的世界也會呈現出越來越簡單的面貌，直到全部改變成幾項永恆的原則，然後再終合而為一，成為無私的愛。

第五部《思考致富》

拿破崙・希爾

成功學大師拿破崙・希爾歷經二十年，遍訪五百位全世界最成功人士，集成功哲學之大成的經典著作，暢銷世界六十年，銷量超過三千萬冊！激勵愛迪生、福特、羅斯福等眾多名人的成功致富祕訣；揭示所有成就、財富的意念泉源！一種會給教育制度帶來革命、使學校教育時間減少一半以上的自我分析法；受到成功引導的人遍及全球數千萬。

在拿破崙・希爾這部著作中描述的成功與致富祕訣，其最大的特色在於，那些掌握它並使用它的人從此走向成功。

若你準備讓這個祕訣為你所用，那在每一章你都會找到它，這個祕訣對準備接受它的人來說，效力均等、跟教育程度無關。但無意尋找它的人，付出的代價再大，也得不到它。

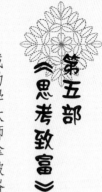

作者簡介
拿破崙・希爾

拿破崙・希爾（一八八三～一九六八），成功學的先覺導師，曾任美國羅斯福總統首席顧問。他早年開始研究鋼鐵大王安德魯・卡內基、發明家湯瑪斯・愛迪生、亞歷山大・貝爾等人的偉大成就，他研究的成功祕訣影響遍及全球數千萬人。

拿破崙・希爾《思考致富》受到了安德魯・卡內基的啟發。卡內基隻身闖蕩美國，從一文不名的窮小子，四十年後成為富可敵國的鋼鐵大王。在卡內基的暮年，他把自己的成功祕訣向拿破崙・希爾傾囊相授，並建議拿破崙・希爾以研究成功奧祕作為終生的事業。

希爾信守承諾，用一生的時間，研究了那些全球矚目的成功人士的致富祕訣，並把它們傳授給各行各業那些願意用自己的思想和有條理的計畫換取財富的人。在拿破崙・希爾的諸多著述中，《思考致富》可謂是最重要的作品，被譽為「徹底改變了美國人的思想觀念，激發了所有美國人的潛能」。

本書中的致富祕訣已經幫助無數平凡人獲得了非凡的財富和事業成功，用希爾自己的話說，「我從未聽說過，有人受到這個祕訣的啟發，運用了這個祕訣，卻未能在自己選定的行業裡取得任何令人矚目的成就；我也從未見過什麼人不運用這個祕訣就能出人頭地，或累積到什麼財富」。

1. 有欲望才能致富

人人都渴望致富，殊不知財富始於意念。西方有句諺語說得好：只有想不到的事，沒有做不成的事。欲望就像點燃自己思想的火山，知道自己想要的是什麼，想成為什麼人，想做什麼事。它是一切成功的起點，對一個人的影響極其重要。一個確定的欲望有著無窮的力量。

古往今來，凡成大事者，必有強烈的欲望。齊桓公「尊王攘夷」，不就是因為他有稱霸的野心嗎？秦相呂不韋不惜重金資助子楚，不就是想借助他的皇族身分實現自己的從政目的嗎？老湯瑪斯・沃森之所以要制訂出堪稱現代公司管理制度的「行為準則」，不就是因為他想將IBM培養成美國最強大企業嗎？巴爾札克說：「欲望是支配生命的力量和動機，是幻想的刺激素，是行動的意義。」欲望，始終決定著人的行為方向。只要我們活在世上，欲望就永遠不會消失，永遠不會得到徹底地滿足。可以說，「生存」就是「欲望」。如果欲望停止，即欲望消失之日，就是生命停止之時。

正是因為有了欲望，我們才會看到那些為了實現自己的夢想而辛苦耕耘的身影，才會看到他們流下的汗水和失敗時痛苦的眼神，也才會深深體會到他們成功時的那份感慨。所有獲得成功的人最初並不順利，他們不知要歷經多少次艱苦卓絕的奮鬥之後，才能到達夢想的彼岸。歐亨利在監獄中發現了多年來沉睡在腦中的智慧，奮筆疾書，終成一代偉大作家；狄更斯最初的職業僅是小雜工，每天在鞋油罐上貼標籤，由於初戀的失敗深深刺痛了他，他發誓要在文學創作上成名，結果寫出了一系列傳世之作；貝多芬失聰，彌爾頓失明，但他們的名字與日月星辰同在，因為他們擁有夢想，並把夢想變成了條理清晰的思想和行動。

很多年前，愛德溫·巴恩斯有個強烈的願望：與愛迪生共事。但當時有兩大難題擺在他的面前：第一，他不認識愛迪生；第二，他也沒有足夠的錢乘火車去新澤西州奧蘭治。但這些足以讓很多人退卻的困難卻擋不住年輕的巴恩斯。他搭乘貨運火車，然後步行來到愛迪生的辦公室。儘管外表像個流浪漢，但他心中卻有著國王般的宏圖大志。

愛迪生給了他一份薪水微薄的工作，在別人看來，他不過是愛迪生事業車輪上的一個小齒輪，但他從未放棄過自己的理想。五年之後，他終於抓住推銷口授機的機會，真正成為了愛迪生的事業夥伴。以上種種事例都告訴我們，如果一個人確立了明確的目標，並且矢志不渝地去追求，就會創造一個完全不同的人生。

看看亨利·福特是怎樣將「不可能」的福特 V-8 創造出來的吧！

當亨利·福特決定製造著名的 V-8 汽車時，他打算造一台內置八個汽缸的引擎，並讓工程師進行設計。但是，設計圖繪製出來後，工程師們一致認為不可能在一個引擎內放置八個汽缸。

福特說：「無論如何，要想辦法造出來！」他們答道：「可是，這不可能！」「儘管去做，」福特命令他們，「不管花多少時間，一定要做出來。」

工程師們開始工作了。對他們來說，如果還想在福特公司工作下去，那麼別無選擇。六個月過去了，毫無進展。又過了六個月，還是毫無進展。工程師們嘗試了能夠想到的每一種方案，但就是不行，也就是說「不可能」。

到了年底，福特來檢查他們的工作，他們還是告訴他，根本無法完成他的命令。「接著做」福特說，「我想要這樣的引擎，我一定要擁有它。」他們於是繼續工作，然後好像出現了奇蹟，他們終於發現了製作方法。福特的決心再一次獲勝了！

欲望，可以使一個人的力量發揮到極致，也可逼得一個人獻出一切，排除所有障礙。欲望使人全速前進而無後顧之憂。凡是能排除所有障礙的個人或球隊，常常屢建奇功或頻頻得分。我們所做的每一件事情，都應當充分發揮我們的能力。不論是參加考試或參加運動競賽還是競選職位，都應當如此。當我們盡力施展一切時，生活就很踏實。如果沒有付出最大的努力，我們就會後悔未曾盡全力，那是很可悲的。

因為當我們全力以赴時，不管結果如何，我們都是贏了。因為全力以赴所帶來的個人滿足，使我們都成為贏家。我們看參加賽跑的人，每一位到達終點的人都有獎品。大部分賽跑者在參加比賽時，都不相信他們會贏，但是每一位跑完全程的人都是勝利者，因為好好做完一件事的真正報酬——就是把它做出來。這是最重要的，你在跟自己競爭。沒有一件事比盡力而為更能滿足你，也只有這時候你才會發揮最好的能力。盡力而為給你帶來一種特殊的權利，一種自我超越的勝利。如同一位世界冠軍曾說：「盡你最大的努力做這件事，比你做得好還重要。」

那麼如何才能擁有成功的欲望呢？

第一步：了解追求成功的真正動機

人的需求可分為五階段：生理需求、心理需求、歸屬感、被尊重和自我實現。生理需求是指吃飽、穿暖，是人類最基本的需求。心理需求則是包括了愛和被愛、安全感等心理層次的滿足。歸屬感是希望屬於某個團體、家庭、公司。被尊重則是希望擁有某種職稱、地位、受人肯定、敬重。自我實現係最高層次，追求自我的成就滿足。

第二步：轉化心中的願望成為強烈的欲望

願望只是靜態的，「我希望成功，希望非常富有，希望很有威望，希望很有名氣……」欲望則是動態的，「我要獲得成功，我要創造財富，我要獲得地位，我要獲得成就……」因此你不止是空有願望而已，你還要付諸行動，真正的去追求你渴望的獲得成功。願望如果沒有轉化為欲望，便無法擁有足夠的動能，推動你走到成功的終點。因為在成功的路途上，還是充滿了各種的困難和障礙，若沒有強烈的欲望，你可能會半途而廢，因而成為空泛的願望。

第三步：不斷強化成功的欲望強度，發揮最大的衝勁

不斷增強你追求的成功欲望，便會產生驚人的結果。強烈欲望會產生不可思議的力量，化不可能為可能。要強化心中欲望的強度，你可以透過二種方式去做。一種方式，想像你已經達到你的願望，或是體驗你已夢想成真的滋味。你心中越想嘗到那種滋味，你就越渴望成功，越能驅策自己去追求成功。

另一種方式，就是要記住失敗所帶給你的羞辱，你不達到成功，無法去除心中的痛苦。不斷強化成功欲望強度，讓自己像一枝利箭在張滿弓的弦上發射出去，滿懷衝勁，銳不可擋。欲望是開拓命運的力量，它越強，產生的動力就越強。激發成功的欲望就是點燃心中儲存的燃料，讓它爆發出驚人的力量，向成功的目標直衝而去。和成功的人接觸，可以產生見賢思齊的心理。你心須設定一個可以競爭的對象，一個可以超越的目標，時時刻刻提醒自己要戰勝他、打敗他。

欲望能驅使行動去達成願望。轉化心中的願望，就是要一而再、再而三的要求自己行動，前進再前進，絕不絲毫鬆懈。想像夢想成功的滋味，或是記取失敗的教訓，都能強化追求成功的欲望強度。

人非草木，孰能無情。世間人人都有欲望。即便是那些想「無欲」的人本身就懷著一種強烈的欲望。所謂「存天理，滅人欲」，世間誰能做得到呢？欲望和目標之間，有一種互相

強化的關係，尤其是在欲望沒有得到滿足前更是如此。所以，隔絕欲望和目標，便有助於將欲望維持在一定的「度」中。一個無法抑制自己欲望的人，會因為缺乏自制力而難以在事業上取得成功。古往今來，凡成大事者，必有強烈的欲望，有欲望並不可怕，關鍵是不要被欲望牽著鼻子走。如果你不能主宰自己的欲望，那麼，你最好遠離那些令你迷惑的引誘。

當亨利寫下「我是自己命運的主宰者，是自己靈魂的統帥」時，他也告訴我們，我們是自己命運的主宰者，是自己靈魂的統帥，因為我們有能力控制自己的思想。在累積大筆財富之前，我們必須用取得財富的強烈欲望來堅定我們的觀念，必須用「金錢意識」武裝自己，直到對金錢的欲望驅使我們制訂出取得金錢的明確計畫。但是亨利畢竟是個詩人，不是哲學家，所以他只是在詩句之間表達了一個偉大的真理，而詩中的哲理則留給後人來慢慢體會。

2. 有信心才能致富

一百減一等於零，當你看到這樣一個等式時，你會有什麼感受呢？如果從數學的角度看，這個答案必錯無疑。但是，如果從人生的角度看，題目卻蘊涵著深刻的人生哲理。這裡的「1」，並非數字「1」，它指代和象徵人的信心。無數的人生經歷告訴我們：一個人如果失去信心，即使他再富有，也必將一事無成，最終歸於零。

信心是一種永不服輸的精神，是致富與成功的基石。古往今來不少事例都表明：信心是成功的祕訣，喪失自信心則是事業失敗的重要原因。俄國羅巴契夫斯基發表非歐幾何理論之後，非但沒有得到別人的承認，反而受到了不少人的攻擊，甚至有人還給他戴上「精神病」、「瘋子」、「怪人」的帽子。但他毫不理會，仍然信心百倍地堅持研究，終於獲得了成功，成為非歐幾何的創始人之一。相反，匈牙利青年數學家波里埃早在十二歲時就開始研究非歐幾何，並已有了一定的成就，但他在父親竭力反對以及沒有任何鼓勵與支持的情況下，動搖了決心，導致他最終放棄了這一項有價值的研究。

數千年來，人們一直認為要在四分鐘內跑完一英里是件不可能的事。不過，在一九五四年五月六日，美國運動員班尼斯特打破了這個世界記錄。他是怎麼做的呢？每天早上起床後，他便大聲對自己說：「我一定能在四分鐘內跑完一英里！我一定能實現我的夢想！我一定能成功！」這樣大喊一百遍，然後在教練庫里頓博士的指導下，進行艱苦的體能訓練。終於，他用三分五十六秒六的成績打破了一英里長跑的世界紀錄。

我們每個人與世界相比總是渺小的，面對複雜多變的社會環境，能安心、愉快地生活下去，需要依賴一個人的信心。信心是對生活充滿樂觀和進取的信念；信心是有克服生活上、工作中遇到的困難的決心和勇氣，是任何情況下都不動搖，並努力為之奮鬥的動力泉源。信心使人有了無窮的力量，它是一種永不服輸的精神。信心雖然不一定使人成就偉人的業績，但它最起碼可以使你成為一位出色的普通人。它是一種積極的心態，可以透過自我暗示引發的一種心態。

如何培養自己的信心？

拿破崙・希爾為我們總結了培養自信心的公式：

第一、我知道，我有能力實現人生中的明確目標；因此，我要求自己堅持到底，繼續前行，並發誓要把這種力量變成行動。

第二、我知道，心中的主宰意念終會以外在、實際的形式表現出來，並逐漸轉化為實實在在的事實。因此，我每天要花三十分鐘集中意念，想像自己理想中未來的樣子，從而在心中形成一幅清晰的圖像。

第三、我知道，透過「自我暗示」原則，我心中積存已久的欲望，終究會經過某種能實現目標的實際方式表現出來；因此，我每天花十分鐘，要求自己培養自信心。

第四、我已經清楚地寫下一生中確定的主要目標，我一定要不斷努力，直到培養出實現目標所需要的足夠自信。

第五、我完全明白，財富與地位只有建立在真理與正義的基礎上，才會持久；因此，我絕不會去做有損於他人的事。我要靠發揮自身的力量以及與別人的合作，實現成功。因為我願意為他人服務，別人與將樂於為我服務。我會摒棄仇恨、嫉妒、自私和譏諷，我要對別人奉獻一份愛，因為我知道，用消極態度對待他人，我將永遠不會成功。我會信任他人、信任自己，從而換取他人對我的信任。

最後，把這份自信祕訣銘記於心，每天背誦一次。我深信它將逐漸影響我的思想與行為，成為一個自信與成功的人。

透過以上六項法則，你就可以按照自己的意願培養信心，因為信心就是透過應用這些原則，而自發產生的一種心理狀態。不斷反覆而確定地對潛意識發號施令，是自發培養信心的唯一方法。

也許聽聽下面這位犯罪學家的話語，你將更加理解信心的意義。一位著名的犯罪學家曾經說過：「第一次接觸罪惡行為時，人們通常會感到憎惡。但假如在一段時間內連續不斷地接觸犯罪行為，人們就會習以為常，不以為然。再持續更長時間的話，人們最終會擁抱它，並為之所左右。」

同樣的道理，如果不斷地將任何意念衝動傳達給潛意識，這些意念最終都將被接受，並透過潛意識產生回應，進而以最切實可行的步驟，化意念衝動為事實。難怪某位哲學家曾說，如果所有感性的（被賦予感覺的）意念與信心相結合，將立即轉化為與之相等的物質報酬或對等物。

意念中的情感或「感覺」，是賦予意念活力、生命和行動的重要因素。信心、愛和性如果與任何意念衝動相結合，將比任何單一情感的作用更具威力。其實，不只是與信心相結合的意念衝動，凡是與任何積極情感或消極情感相結合的意念，都會到達並為我們的潛意識帶來重大的影響。

科學證實，信心是一種要素，能把人類有限腦力創造的普通意念震波，轉化為同等精神力量。它隱藏在自我暗示的原則中。因此，讓我們把焦點集中在自我暗示上，去了解它究竟是什麼，它能帶來什麼。我們都知道，如果一個人不斷對自己重複說同一件事，那麼無論這件事是真是假，最終我們都會相信它。謊言重複千遍，也會變成事實。每個人會有不同的表現，因為他的意念支配他做出這樣的表現。人有意在自己心中灌輸一種意念，再結合一種或多種情感，會形成強大的推動力，從而指引、控制他的每個舉止、表現和行為。

人的天性的某個角落，沉睡著成就的種子，如果把它喚醒，讓它活動起來，它能把你推向你從未想像過的人生之巔。正如音樂大師能讓美麗的音樂從琴弦上流淌出來一般，你也能喚醒在大腦中沉睡的天賦，讓它帶你到達理想的彼岸。假如你想求證信心的力量，不妨研究一下運用過這種力量的人取得的成就。讓我們看看信心賦予著名的印度聖雄甘地的力量，他為人類文明樹立了信心潛能的典範。雖然甘地沒有一般傳統的權力工具，如金錢、戰艦、軍隊和戰略資源，但他比同時代的所有人都更善於運用自身潛能。甘地沒有錢、沒有家，甚至沒有像樣的衣著，但他卻有一種力量。他是如何擁有那種力量的呢？

他的力量來自於對信心原則的理解，而且透過自己的能力，他把信心移植到兩億人的心中。甘地影響了兩億人，他把他們團結起來，創造了萬眾一心的奇蹟。除了信心，世上還有哪種力量可以創造如此的成就？

我們每個人都應該努力提高自身的信心指數，真正建立永久的信心！每天堅持運用語言對自己進行自我暗示、自我肯定，這樣可以大力提高我們的信心。也可以每天這樣大聲對自己說：「我是最棒的！」、「我相信我能夠成功，我一定要成功！」。

3. 有暗示才能致富

暗示是影響人潛意識的一種最有效的方式。它超出人們自身的控制能力，指導著人們的心理、行為。它有著不可抗拒和不可思議的巨大力量。心理學家普拉諾夫認為暗示的結果使人的心境、興趣、情緒、愛好、心願等方面發生變化，從而又使人的某些生理功能、健康狀況、工作能力發生變化。

暗示是一種奇妙的心理現象，所有的暗示和自行實施的刺激，透過五種感官到達大腦，都可稱為「自我暗示」。換一種說法，自我暗示就是對自己的暗示。它是一種溝通的媒介，介於產生意念的意識部分與產生行動的潛意識部分之間。透過一個人的意識產生的主導意念（無論是消極的還是積極的並不重要），自我暗示的原則會自動將這些意念傳達給潛意識，並對它產生影響。

不同的心理暗示，會給人們帶來不同的情緒和行為。

我們多數人的生活境遇，既不是一無所有、一切糟糕；也不是什麼都好、事事如意。這種一般的境遇相當於「半杯咖啡」。你面對這半杯咖啡，心裡會產生什麼念頭呢？消極的自我暗示是為少了半杯而不高興，情緒消沉；而積極的自我暗示是慶幸自己已經獲得了半杯咖啡，那就好好享用。

回顧起來，人類的潛意識感覺上就像一片沃土，如果沒有種上你想種植的作物種子，那麼雜草就會肆意叢生。自我暗示其實就是一種自我控制，透過它，個人可以根據意願在潛意識中，種下創造性的意念；也可能由於疏忽漠視，而任由破壞性意念在心靈沃土中生長。想像、體會金錢握在手中的感覺，按照這些感覺，你就能以充分地自信，將欲望目標傳遞到潛意識。

當然，你還會發現這些要求與應用自我暗示的原則有關。因此，要記住，大聲朗讀你的欲望時，只唸那些字是沒有結果的，除非你在唸的時候，融入了自己的情感或情緒。這一點的確非常重要，但是大多數人正是缺乏對這一點的了解，所以在利用自我暗示原理的時候，才達不到預期的效果。平平淡淡、毫無感情的字句影響不了潛意識。

如果不將充滿激情和信心的意念或有聲文字注入到潛意識，那麼你不會得到期望的結果。第一次嘗試時，如果無法成功地控制、指揮你的情緒，也別氣餒。記住，天下沒有免費的午餐。你不能欺騙自己，當然也許你很想這樣做。想獲得影響潛意識的能力，其代價是堅持不懈地應用在此提到的原則。付出微薄的代價，不可能得到你想獲得的能力。你，只有你，來決定你為之奮鬥的回報（即金錢意識），是否值得你為之辛苦地付出。使用自我暗示原則的能力，主要便是取決於你能否專注於已有的欲望，直到你為它魂牽夢縈。

由於人們習慣於對所有的新觀念持懷疑態度，這是人的天性。但是，如果你的懷疑被信念所取代，而且接下來這種信念很快就會轉化為信心。很多哲學家曾說過，人是自己命運的主宰者，其實人之所以可以成為自己的主宰，成為自己所在環境的主宰，是因為人具有影響自己潛意識的力量。特別是在將欲望轉化為金錢的實際過程中，自我暗示的力量將越來越大。

自我暗示是種媒介，透過它可以觸及並影響潛意識。因此，要想實現自己的欲望，就必須每天不斷地對自己進行自我暗示，這樣長期下去，這種暗示就會轉化為潛意識，並指導你的行動。

4. 有潛意識才能致富

人類的心有兩種境界，一為意識，即理性的境界；另一種為潛意識，也就是非理性的境界。人類的活動是以意識性的心理思考為主，凡事又存在於潛意識之中，進行習慣地思考。潛意識是一個有感覺、能創造的心。如果輸入善，所產生的潛意識必定是好的，反之，若是輸入惡因，所得到的必然是惡果。這便是心理的作用。

自古以來，無論哪一個時代的天才與偉人都是將藏在自己內部的潛在能力充分活用，並盡力發揮出來，才能達到非凡成就。當我們下判斷時，絕大多數是潛意識的能力所致。例如，某位畢業於明星大學的男士，家世好，身體健康，腦筋靈活，外表瀟灑，竟遭女方斷然拒絕。按理說，這英俊的男士如此優異，仰慕的女性應不乏其人，可為什麼他所傾心的女性卻不肯以身相許？這位女性堅決表示：「我也不知道為什麼，總覺得不中意。」事實上，該名女子所謂的不知道僅是她的意識不能確定，但其潛意識已經本能地警覺到：這位青年的性格有某些缺點，不是自己的最佳人選。

科學證實，制約人體潛意識的四個條件為：⑴想像自己願望；⑵持續思考；⑶相信願望能夠實現；⑷付諸行動。由潛意識所帶來的能力我們通常稱之為潛能，這種潛能人皆有之，然而人與人之間卻存在著許多能力上的差異。造成此種差異的原因何在呢？一言以蔽之，這是基於潛意識是否已被善加利用的緣故。

如何善於利用自己的潛意識？

1. 想像自己希望的東西（IMAGE）
2. 持續想像這個東西（THINK）
3. 相信能夠實現（BELIEVE）
4. 採取行動（DO）

上面四個條件任缺其一，潛能勢必無法發揮出來，只有當四個條件同時具備，才會出現驚人的作用。例如：

所謂想像自己所希望的東西，是指「期望實現」的自己，通常可以經由具體形象浮現在腦海中。把形象浮現出來，潛意識就會發生作用。假如你想擁有一個溫暖的家，千萬別將金錢或其他的困擾的問題牽扯進去，僅將美好的家庭模型，以及家人相處愉快的情景勾畫出來。是一層樓還是二層樓？是中式建築或西洋式的建築？庭院、草坪、池塘應如何設計、起居室、書房、客廳該如何佈置？都要盡可能去想像或設計。

如果只是漫天想像擁有自己的家，卻從未將理想與行動相配合，那麼就永遠不會實現了。因為潛意識十分特殊，除非經常想到或遇到，否則就不可能出現轉機。

至於有些人完全不會想像，只願隨波逐流，那麼他的下場往往會和好高騖遠的人相同，平淡無奇過一生。因此，對於有抱負、有理想的人來說，首先應了解潛意識並非只是單純的抽象概念，而應付具體的行動。

成功者往往都是那些善於利用潛意識的人。想成功的人，都會主動去挖掘其潛意識。如果人沒有潛意識，那真是不可想像，你發現過不會做夢的人嗎？從來沒有吧。我倒是經常聽說人從夢中獲得啟發，得到靈感，這從眾多的科學家和作家身上得到驗證。著名的苯分子結構，不就是從夢中獲得的靈感嗎？人所經歷的事，從來不會從人的記憶中消失。如果說消失，那只是暫時的遺忘，其實它在人的潛意識裡，受特定條件的作用，它會受到喚醒，為人所用。人的一些習慣動作、行為，以及一些自己也沒有意料到的行為，實際上就是潛意識在支配人。

當我們冥思苦想某一難題，一時又得不到解決時，可以暫時停下來去做別的事。總有一天，問題的線索，甚至幾乎是完整的答案會從你的腦中跳出來，你會抑制不住激動，驚喜萬分。原來，這就是潛意識在自動替你思考解決問題。一個作家，一個詩人往往有這樣的感覺，當你有意識去完成一件作品時，但某個時候，受某環境的感染，你會突然思如泉湧，擋也擋不住，這就是靈感。而靈感源於人的潛意識，潛意識就是我們心的大海，它集合了人一生的思想、情感、智慧、經驗，並會合成新的經驗，它總是時刻準備著為自己的主人服務。潛意識的力量是無窮的，潛意識會幫助你獲得成功。

當然，如果你是一個懶惰的人、不去積極思索的人、不去充實的人，你當然就不會有智慧的潛意識。如果你期待你的潛意識能指引，那只會是白日做夢。庸者，只會有庸者的頭腦和平庸的潛意識，永遠不會得到成功。偉大的潛意識永遠屬於那些不辭辛勞、努力實踐的人。

5. 有知識才能致富

人們常說知識是發展進步的階梯。《三字經》說得好：人不學，不知義；少不學，老何為？一個人如果不注重知識的累積，就會孤陋寡聞，跟不上時代發展的潮流。特別是當代社會知識快速發展、資訊密集，各種新科技、新事物、新經驗層出不窮，可以說是日新月異，一日千里，學習還怕跟不上，不學習就可想而知了，將會遠遠被時代所拋棄，令你將來後悔莫及。這裡有一個寓言故事：

一個年輕人在沙漠中行走，忽然，他聽到一個聲音告訴他，小夥子，從地上撿些石塊放到你的背包裡，明天你會既驚喜又後悔。小夥子想，我怎麼會既驚喜又後悔呢？帶著這個問號，他隨便往背包裡裝了幾個石塊。

一夜無話，第二天早晨，小夥子打開背包一看，石塊變成了五顏六色、光彩奪目、價值連城的寶石。他真是又驚喜又後悔，驚喜的是石塊變成了寶石，後悔的是自己撿少了。

「書到用時方恨少」，說的不就是這個道理嗎？學習是為將來做儲備，只有不斷學習，掌握了足夠的知識、本領，你才會擁有發展的基礎。機遇，永遠等待有準備的人。

我們在理解知識重要意義的同時，也要明白，知識並不是力量。只有將知識組織起來，並透過切實可行的行動計畫，巧妙地向累積財富的目的邁進，知識才能轉化為有用資產。知識只是潛在的力量，只有與明確的行動計畫和明確的目標相結合，知識才能成為真正實際的力量。一個人不可能知曉全人類有史以來所有的知識，知識的價值不在於你學到了多少，而在於你能運用多少，拿破崙・希爾說，多數大學教授並沒有太多的錢，因為他們專精於傳授知識，而非組織或運用知識。

所以，透過你人生所要追求的主要目的，你所想要實現的目標，會指明你確定你需要的知識。拿破崙・希爾認為，如果一個人具備足夠的專業知識，再加上充裕的想像力，就可以成為一個成功者的致勝要素。一個人的能力常常意味著他的思想，思想能使專業知識和創業構想相結合，形成合理的計畫，從而獲得財富。當然，任何構想的背後支柱，都是專業知識。不過也要記住，專業知識易得，而創新構想難求！

6. 有決心和毅力才能致富

拿破崙．希爾透過對二萬五千名名男性和女性的失敗經歷進行的分析顯示，沒有決心位於三十一項失敗主因的前列。

決心的對立面，即拖拉，更是每個人必須攻克的共同敵人。從幾百位累計財富過百萬美元者的行為研究，結果發現了一個事實，那就是這些人都習慣於果斷決策，然後如果需要，可以再慢慢修改。而那些沒有發財致富的人，則毫無例外地保持著猶豫不決、朝令夕改的習慣。

果斷決策的方法：

1. 如果做決策時易受他人影響，那麼你很難做成任何事，把欲望變成財富就更不可能。記住，往往對你的計畫潑冷水和嘲笑反對的是你的親人或好友，她們的話往往具有很強的殺傷力，甚至足以熄滅你的欲望。所以，做決定時不要告訴任何人，除非是你特別信賴的人，與你志同道合的人，如果你的決定真的是錯誤的，最好由這些人替你指出。

2.才疏學淺或一知半解的人，通常說起話來滔滔不絕，卻不善於傾聽。如果你想培養自己果斷決策的能力，那麼就睜大雙眼，豎起耳朵，閉上嘴巴。言論的巨人通常是行動的矮子。說得太多，還會曝露你的計畫和目的，讓那些妒嫉你的人盡情地將你打敗。

為了時刻提醒自己，可以在一張紙上用大字寫下「先做後說」，放在每天都能看到的地方。這句話的意思是說，「說得好不如做得好」。

3.決心的價值在於做出決策的勇氣。記住，果斷的決策能力常常需要勇氣，有時需要極大的勇氣。做決策的時候，要拿出你的勇氣來！

你的決定能否變成事實需要毅力維持，缺乏毅力是多數人的通病。能否克服沒有毅力的積習完全取決於一個人的欲望大小。如果一個人有毅力，即使沒有其他品質，也可以一帆風順地發展。培養毅力，要遵循以下四個簡單步驟：

1.在強烈的欲望驅使下，擁有明確的目的。
2.不斷用行動展現出明確計畫。
3.不受消極懈怠思想的影響，包括來自親人、朋友和熟人等思想的影響。
4.結交一個或幾個能夠鼓舞你依照計畫和目標行事的人。

即使你是「天才」，憑藉自己的想像力，也許可以獲得一定的財富。但如果你懂得讓自己的想像力與他人的想像力結合，就定然會產生更大得多的成就。我們每個人的「心智」都是一個獨立的「能量體」，而我們的潛意識則是一種磁體，當你去行動時，你的磁力就產生了，並將財富吸引過來。但如果你一個人的心靈力量，與更多「磁力」相同的人結合在了一起，就可以形成一個強大的「磁力場」，而這個磁力場的創富力量將會是無與倫比的。

在生活中，大家也許會有這樣的體會：假如你有一個蘋果，我也有一個蘋果，兩人交換的結果每人仍然只有一個蘋果。但是，假如你有一個設想，我有一個設想，兩個交換的結果就可能是各得兩個設想了。同理，當獨自研究一個問題時，可能思考十次，而這十次思考幾乎都是沿著同一思維模式進行。如果拿到集體中去研究，從他人的發言中，也許一次就完成了自己一人需要十次才能完成的思考，並且他人的想法還會使自己產生新的聯想。一加一大於二是個富有哲理的不等式，它表明集體的力量並不是單個人累加之和。

經營者要善於激發集體的智慧和力量，而不是隨意扼殺它們。在激發集體智慧的時候，集思廣益的思維方法在當代社會被普遍應用。它不僅能填補個人頭腦中的知識空隙，還能透過互相激勵、互相誘發產生連鎖反應，擴大和增多創造性設想。一些歐美財團採用群體思考法提出的方案數量，比同樣的單人提出的方案多七十%。

一個好的創意的產生與實施，企業家只靠自身的力量和努力是不夠的，必須集思廣益，必須在自己周圍聚攏起一批專家，讓他們各顯其能，各盡其才，充分發揮他們的創造性作用，這樣才能距離成功更近。

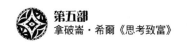

第六部 《引爆潛能》

安東尼·羅賓

《讀者文摘》稱，羅賓的《引爆潛能》是「開發人類無限潛能的基礎讀物，對人類發揮自己能力有著重要意義。《引爆潛能》能使您更清楚地認識自己的能量，擁有積極的心態，更堅定自己的信念，擁有非凡的自信心」。

人人都渴望成功，但上蒼並沒有賦予我們一本成功指南，然而我們的確有能力戰勝各方面的挑戰，其實，最好的成功指南就在我們每個人自己身上，只不過我們沒有意識到，那就是潛能。

本書的目的，就是為了與渴望成功的每一個人共用這些無時不在、普遍而永恆的真理，向你介紹一種成功指南。不論是誰，不論你所處的環境如何，只要你渴望成功，只要渴望發揮潛能，這本書都將適用於你。

作者簡介
安東尼・羅賓

安東尼・羅賓是美國著名心理學專家以及個人、事業和組織的協調人，是世界公認的成功學、激勵學方面的頂尖大師。他的專業能力已幫助無數個人、團體和企業轉變了生成發展的軌跡，接受他諮詢和激勵的人包括美國前總統柯林頓、南非泰林等。他還為美國陸軍提供了「激勵訓練」服務，擔任兩位英國王室成員的私人顧問和英國謝菲爾德市的首席諮詢專家。

羅賓的暢銷書已被翻譯成四十種語言在世界範圍內發行，包括廣為人知的《喚起心中的巨人》、《激發無限的潛力》、《巨人的腳步》和《朋友的心得》等。他也是暢銷的「個人發展」系列片《個人的力量》的作者，其演講的錄影帶和光碟累計發行達三千五百萬套，數以百計的人參加了他的現場諮詢活動，羅賓斯系列叢書、錄影帶、光碟、研討會和教育系統被世界各地的各界人士所傳誦。

一九九五年安東尼・羅賓斯當選為「美國十大傑出青年」，一九九四年獲評傑出「人類活動家」與「布萊恩懷特公正獎」，一九九三年被TOAST MASTER INTERNATIONAL評為「全球五大演說家」；一九九五年被授予最高獎項「金錘獎」。

一、開發潛能要挖掘自我

1.了解你自己

「了解你自己」這是每個人必須了解，而且一生中都不能忘記的最重要的座右銘。了解自我貫穿於人生的始終，也是一個人畢生事業及生活之路的重要依賴。

可以說，選擇一項事業就是選擇一種生活。為了有意義地工作，一個人對職業的選擇活動，必須建立在他從事某種工作的「內心傾向」基礎之上。

我們把存在生命器官之中的、繼承而來的，並且是先天具有的才能稱為「潛在才能」。在這些潛能中，通常有一種是最引人注目和最顯著的。

當一個人具有了發展這種潛能的機會，可以充分利用他生命中的最優良素質，那麼我們就稱之為理想的人生。也就是說，這個人發現了他的人生支點，找到了真正的所謂「內心傾向」，這樣做就使得他的個人效率達到最大化。我們要尤其重視這一點，把自己的才能按照適用、能勝任和最有效率的原則分配在各項工作之中。

今天，我們每一個人都必須比昨天更加努力地在各自的工作中保持富有創造性、勤奮性和孜孜不倦的精神。為了達到這一點，一個人必須從事自由的和創造性的、有趣味的職業。這正是恩格斯所說的「人類生存的自然條件」和「一種代替了負擔的快樂」。

同樣，個人潛能的發揮在很大方面也依賴於一個人的專長，或從事某種工作的內心傾向，是否與他的那些才能相適應。只有稱心如意的職業，才能夠同時帶來幸福和自我實現。一個人得到職業滿足和在生活中找到自己適當的、必要的位置，可以帶來其他任何方面的成功都不能替代的振奮和愉快，從而最大限度地激發潛能。

人與工作的和諧搭配及其相互作用，促使人們提高和增進才能。對已啟發出的天資而言，工作使它變得更加成熟，工作也發展了自然饋贈的潛能。

人與工作的和諧搭配，天然具有一種強大的能量，這一點常常在那樣一些人的生活中看到——他們工作就像唱一首歌一樣輕鬆、靈巧，並且做任何事情都得心應手。此時可以說，這些人具有做這類工作的能力，或說他們能充分發揮自己的潛能。

「做的技藝出自做的過程」，自然，你不開口唱，永遠也不能說你會唱歌或有一副好嗓子。嘗試是認識自己的所謂「內心傾向」的最主要途徑。

只有在工作的環境中，在工作的集體中，在創造的痛苦中，一個人才能夠發現充分表現自己才能和天資的天地，並塑造自己的個性，發揮無限潛能。

由於當今世界職業種類繁多，如何能夠避免職業選擇與自己的「內心傾向」的錯位，這種判斷變得困難了。發現一個人的「內心傾向」不是件容易的事，而且也不是每一個人都能夠在這方面成功。因此，很有必要來重複這樣一句格言：「沒有缺乏天資的人，但有些人在職業選擇上誤入了歧途。」

對一個局外人來說，塞瑞特可能被視為春風得意的青年。他僅僅二十歲出頭，已在科技學院讀書四年。他是一個優秀的學生，現在更因為工作上的成績獲得過獎金。但是，當人們問他是否幸福時，他感到「有口難言」。

他說：「你明白，我在四年裡一直是機械地做完了各種事情：考進了學院，也通過了各種考試，也為此微笑過。但我的確不記得曾有真正的激動。所有這些都是因為我不喜歡我未來的職業。不，我永遠也不會成為一名優秀的工程師。」

從事一項「錯誤的職業」，處境非常艱難。它使一個人喪失工作的興趣，遭受過度的緊張和勞累，形成一個上班時數時度日的難以忍受的習性，人也變得遲鈍、呆笨，更談不上發揮潛能。

有的人非常幸運地在兒童時代顯示了他們的「第一潛能」。於是，家庭和社會通常都開始培育這些先天的才能。如果一個人在年輕時就捕捉到他的才能信號，就能發現他的「內心傾向」，那自然是很理想的。遺憾的是，事情並不總像這樣順利。更多的人對自己的能力幾乎一無所知，對如何發現自己的能力也毫無自覺。所以，他們尋找理想的職業就花費了相當長的時間。

誰幫助我們發現和發展我們的能力呢？家庭、朋友、同事——實際上每個人都在某種程度上發揮了作用。但是，任何人都不及我們自己在發現我們潛能方面的作用更大。

所以說，要發揮潛能，就要了解你自己，就要有自知之明。

2. 把握人生的指南針

相信你一定遇到過棘手的情況，遲遲下不了決定。這其中的原因乃是你不知道這種情況下什麼是最重要的價值。

事實上，一切的決定都植根於清楚的價值觀。

有傑出成就的人，必然能很快做出決定，那是因為他清楚地知道自己人生中最重要的價值何在。價值觀有如人生的指南針，引導人通過人生中各種困境。

不同的價值觀，帶給人不同的人生；無論任何人，他的價值觀只能是經過他自己痛苦的選擇後才決定下來的。

海倫是個地方報紙的專欄作家，專門報導內幕新聞，薪水很高，朋友都覺得她很幸運，然而，她從來就沒有感受到成功。

為什麼？因為她非常重視人道主義：她喜歡幫助人，她需要幫助人。寫這種專欄不但不能滿足她幫助人的欲望，還令她有剝削別人的感覺。

也許別的人不會有這種感覺，也許別人喜歡寫這種專欄。可是最重要的是：海倫有不好的感覺，她根本就不喜歡寫這種專欄。寫這種專欄，對她來講，就是一種自己害自己的決定。

看不起自己的工作，使得她看不起自己，也使她覺得不成功。

假如海倫清楚自己的價值觀，接受自己的價值觀，那麼她一定會找個新的工作，也許就是改寫能幫助人的專欄。

什麼叫作價值觀？簡單地說，就是每個人判斷是非黑白的信念體系，引導我們追求所想要的東西。

我們一切的行為，都在於實現我們的價值觀，否則就會覺得人生有缺憾，沒有意義。價值觀會主宰我們的人生方式，影響我們對周圍一切的反應。

價值觀頗似電腦的執行系統，雖然你可以輸入任何的資料，但電腦是否接受或運行，還得看執行系統是否先設定了相關的程式。價值觀就是我們腦子裡判定是否執行的系統。

有什麼樣的決定，就會造成什麼樣的命運，而主宰我們做出不同決定的關鍵因素就是個人的價值觀。愛因斯坦說：「一個人的真正價值首先決定於他在什麼程度上和在什麼意義上從自我解放出來。」

一個人要想展現自己的人生價值，他就必須清楚知道自己的價值觀，同時確實按照這個價值觀過其人生。一個人只要改變自己先前的信念，能夠始終訂出更高的價值標準，那麼他的潛能就會有更大的發揮，人生也因此大大地改觀。

不屬於你的東西，你不必假裝擁有；屬於你的東西，你更不必否認。假如你喜歡自主，很好！假如美麗的環境對你很重要，很好！你的價值觀是你本質的一部分，因此，要想做一個誠摯的人，你必須先得了解和接受自己的價值觀。

如果我們不知道自己人生中什麼是最重要的——什麼價值是我們確實應該堅持的——那麼怎會知道該建立什麼樣的人生價值？又怎樣能知道該做出何種有效的決定？

不管你的價值觀是什麼，但千萬別忘了，它就是你人生的指南針，引導著你人生的去向，每當你面臨選擇的關頭，它就會為你做出決定，使你拿出必須的行動。

這個指南針如果你使用不當，就會給你帶來挫折、失望、沮喪，甚至人生就此掉進陰暗的世界；然而你若使用得當，它就會帶給你無比的力量，令人生充滿自信。不論處在任何狀況都抱樂觀態度，這是許多成功人士所共有的一個特質。

好好思考你目前所持的價值觀，它們是怎麼塑造出今天的你的。今後你要堅守正確的價值觀，修正錯誤的價值觀，因為你的一切決定都受制於所持的價值觀，半點都由不得自己。

一旦你知道了自己的價值觀為何，就會明白何以會走那樣的人生方向；此外當你知曉自己的價值體系，也就會明白為什麼有時候會難以下決定，為什麼內心有時候會掙扎。

馬斯洛說過：「音樂家作曲，畫家作畫，詩人寫詩，如此方能心安理得。」當你知道了自己的價值觀後，就能更清楚明白自己的作為，不會今天一下子向東、明天一下子向西。

每個複雜的體系，不論它是一部機器，或是一台電腦，其各部分結構都得協調一致、相互支持，方能達成最佳的動作；如果各行其事，沒多久便會停機。人類也不例外。我們的行為若無法與內心最重要的願望相符，那麼便會在內心產生對立，成功也就遙遙無期了，更甭談什麼發揮潛能了。

如果一個人正在追求某件東西，但這東西卻與內心裡是非黑白的信念相衝突，那他就會陷於內心混亂的地步。

我們若想發揮潛能，若想能改變、成功、興盛，就得清楚自己以及他人的法則，同時確實知道衡量成敗的標準。否則，我們只是個富有的乞丐。

更好地發揮潛能和你的價值觀是分不開的。許多人犧牲自己的價值觀，去做自己不願意做的事，這就是他們不能發揮他們潛能的原因。

該做老師的人做了企業家，該做企業家的人卻跑去當老師；該做管理員的跑去做推銷員，該做律師的跑去當醫生，應該做醫生的卻自己創業做老闆——這種入錯行的人太多了。他們註定要失敗，因為他們沒有選擇能激發潛能的生活……。

要想發揮潛能，要想成功，你一定得表現你的價值觀。

所有的價值觀都是中性的，無所謂好的價值觀與壞的價值觀。渴望權力沒什麼不好，因為權力是中性的。重要的是你運用權力的方式是建設性的還是破壞性的，你有可能當希特勒，也有可能當甘地，全看你怎麼利用這些價值觀構成你之為你的因素罷了。

二、開發潛能要相信自己

1. 信念左右命運

要想使自己成功，除了弄清自己成為成功者的才能外，最根本最重要的是毫無倦怠地持續工作。所有獲得成功的人從自己的切身感受中發現，唯有信念才能左右命運，因而他們只相信自己的信念。

人的潛在意識一旦完全接受自己的要求之後，他的要求便會成為創造法則的一部分，並自動地運作起來。人必須相信自己所想要相信的事。這樣，就會在自己的潛意識中得到真正的信念，而自己的潛意識也會因信念的程度而適當地做出反應。

普通人認為辦不成的事，若當事人確實能從潛在意識去認定可能辦成，事情就會按照當事人信念的程度如何，而從潛能中流出極大的力量來。此時，即使表面看來不可能辦成的事，也可能辦成。

生活中，常有這樣的事：醫生已判定某患者的病無法治癒或某人是癌症晚期，但患者卻抱著「一定會好」或「我的病不像大夫說的那麼嚴重，我會好的」這種堅強信念，病後來真的就完全治好了，或癌症晚期的悲慘結局根本就沒有出現。這類事古今中外不勝枚舉。

工作也是一樣。在經濟不景氣的氛圍中喘息奔波而最終嶄露頭角、獲得成功的例子也不在少數。其原因就是，任憑別人怎麼說「那不可能」、「誰也無法成功」，而自己卻抱定「我一定要做出成績讓人看看」的堅定信念而努力拚搏所致。

有兩名年居七十歲的老太太：一名認為到了這個年紀可算是人生的盡頭，於是便開始料理後事；另一名認為一個人能做什麼事不在於年齡的大小，而在於怎麼個想法。於是，後者在七十歲高齡之際開始學習登山，隨後的二十五年裡，一直冒險攀登高山，就在最近，她還以九十五歲高齡登上了日本的富士山，打破了攀登此山的最高年齡紀錄。她就是著名的胡達・克魯斯老太太。

影響我們人生的絕不是環境，也不是遭遇，而是我們持有什麼樣的信念。

之所以產生如此奇蹟般的結果，原因有兩個方面。

一是擁有絕對可能的信念，便會在心底裡播下良好的種子，從心底引發良好的作用；二是那個絕對不可能的信念到達潛能後，會從潛能那裡流出無限的能力來。

世上許多令人無法相信的偉大事業，卻有人去完成了。究其原因，無非是那些人具有不怕艱難險阻的堅強信念，堅信自己永保無窮的力量。

凡是想成功的人，凡是不甘現狀、渴望進取的人，都要相信自己的力量，不為各種干擾所左右，朝著既定的大目標勇往直前。

2. 信念激發潛能

一個人做任何事不是沒有原因的，我們做的每一件事都是根據自己的信念，有意或無意地導向快樂或避開痛苦。如果你希望能夠徹底改變自己舊有的習慣，那麼就得從掌握行為的信念著手才行。

信念可以激發潛能，也可以毀滅潛能，就看你從哪種角度去認識。

信念何以對我們的人生有這麼大的影響？事實上它可以算是我們人生的引導力量。當我們人生中發生任何事情時，腦海裡便自然會浮現出兩個問題：這件事對我是快樂還是痛苦？此刻我得採取什麼行動，才能避開痛苦或得到快樂？這兩個問題的答案是什麼，就全得看我們所持的是哪種信念。

信念不是自然生成的，而是我們從過去的經驗中累積而學會的，它是我們生活中行動的指標，指出我們人生的方向、決定我們人生的品質。

人生十之八九是不如意的，其中甚至於有極為痛苦的遭遇，要想活下去非有積極的信念不可，這是心理醫生維克多・佛朗凱從奧斯維辛集中營的種族屠殺事件中發現的道理。

他注意到凡是能從這場慘絕人寰的浩劫中活過來的少數人都有一個共同的特徵，那就是他們不但能忍受百般的折磨，並且能以積極的信念去面對這些痛苦，他們相信自己有一天會成為活生生的見證，告訴世人不要再發生這樣的慘劇。

信念也像指南針和地圖，指引出我們要去的目標，並確信必能到達。然而沒有信念的人，就像少了馬達缺了舵的汽艇，不能動彈一步。所以在人生中，必須要有信念的引導，它會讓你看到目標，鼓舞你去追求，創造你想要的人生。

NBA的夏洛特黃蜂隊1號柏格斯身高只有一百六十公分，但這個矮子可不簡單，他曾是NBA表現最傑出、失誤最少的後衛之一，不僅控球一流，遠投精準，甚至在長人陣中帶球上籃也毫無所懼。

柏格斯是不是天生的好手呢？當然不是，而是意志與苦練的結果。

柏格斯從小就長得特別矮小，但卻非常熱愛籃球，幾乎天天都和同伴在籃球場上練習，當時他就夢想有一天可以去打NBA，因為NBA的球員不只待遇奇高，也享有很高的社會評價，是所有愛打籃球的美國少年最嚮往的夢。

每次柏格斯告訴他的同伴：「我長大後要去打NBA。」所有聽到的人都忍不住哈哈大笑，甚至有人笑倒在地上，因為他們「認定」一個一百六十公分的矮子是絕不可能打NBA的。

他們的嘲笑並沒有阻斷柏格斯的志向。

他用比一般人多幾倍的時間練球，終於成為全能的籃球運動員，也成為最佳的控球後衛。他充分利用自己矮小的「優勢」，行動靈活迅速，像一顆子彈一樣，運球的重心最低，不會失誤；個子小不引人注意，抄球常常得手。

現在柏格斯成為有名的球星了，從前聽他說要進NBA而笑倒在地上的同伴，現在常炫耀地對人說，他們小時候是和黃蜂隊的柏格斯一起打球的。

真的，世界上沒有任何力量像信念這樣，對我們的影響如此巨大。人類的歷史，從根本上說是信念的歷史。

像哥白尼、哥倫布、愛迪生或愛因斯坦等人，他們何嘗不是改變歷史，也改變我們信念的人。

若有人想改變自己，那就先從改變信念開始；如果想效法偉人，那就效法他成功的信念吧！

3. 信念的威力

一個人擁有絕對的信念是最重要的，只要有信念，力量會自然而生。

一九五一年，世界著名游泳選手弗洛倫絲·查德威克成功地隻身橫渡英吉利海峽，創下一項非同凡響的紀錄。

一九五三年，她決定再次衝擊人類極限，創造一個新的紀錄——她要從卡德林那島游向加利福尼亞。

就在這一年的某一天，當她游近加利福尼亞海岸時，她嘴唇凍得發紫，全身一陣陣顫抖。她已經在水裡泡了十六個小時，前面霧氣靄靄，看不見海灘，而且也難以辨認伴隨她的小艇。

查德威克感到自己已精疲力盡了，更使她灰心的是在茫茫大海中看不到海岸，她失去了繼續向前的信念。她感到再也難以支持了，於是向小艇上的人請求：

「把我拖上來吧，我不行了。」

「只有一英里了，目標就在眼前，放棄就意味著失敗。」

濃霧使查德威克看不到海岸，更遮住了她內心中的強烈信念，她以為別人在騙她。

「把我拉上來吧！」她再三請求。

於是冷得發抖、渾身濕淋淋的查德威克被同伴拉上了小艇。

此時，距離海岸還不到一個小時的游程。

這件事過了不久，查德威克認識到，其實，妨礙她成功的不是大霧而是她內心的疑惑。是她自己讓大霧擋住了視線，迷惑了心靈，先是對自己失去了信心，然後才被大霧俘虜了。

兩個月後，查德威克又一次嘗試著游向加利福尼亞。濃霧還是籠罩在她的周圍，海水還是冰冷刺骨，同樣還是望不見海岸。但這次她堅持了下來，她知道陸地就在前方，她奮力向前游，因為，陸地就在她的心中，信念就在她的心中。最後她成功了。

查德威克在兩次自我能力的挑戰中，信念使得她戰勝了自己內心的害怕和失望。最終她征服了海峽也征服了自己。

任何人都可以使夢想成為現實，但首先你必須擁有能夠實現這一夢想的信念。千萬不要讓形形色色的霧迷住了你的眼睛，不要讓霧俘虜了你。你面臨的霧也許不是瀰漫在加利福尼亞上空的，它們在任何時候、在任何地方都可能會出現。

信念在人的精神世界裡是挑大樑的支柱，沒有它，一個人的精神大廈就極有可能會坍塌下來。

信念是力量的泉源，是勝利的基石。

一片茫茫無垠的沙漠上，一支探險隊在那裡負重跋涉。陽光劇烈，風沙漫天。口渴的探險隊員們卻沒有了水。

這時候，探險隊的隊長從腰間拿出一個水壺。說：「這裡還有一壺水。但穿越沙漠前，誰也不能喝。」

——只有一壺水？

那水壺從探險隊員們手裡依次傳遞著，沉甸甸的。一種充滿生機的幸福和喜悅在每個隊員瀕臨絕望的臉上彌漫開來。

終於，隊員們憑著那壺水帶給他們的精神和信念，一步步掙脫了死亡線，頑強地穿越了茫茫沙漠。他們喜極而泣的時候，突然想到了那壺給了他們精神和信念以支撐的水。

擰開壺蓋，流出的，卻是滿滿的一壺沙……

這就是信念產生的威力。信念是一種指導原則和信仰，讓我們明白了人生的意義和方向；信念人人都可以支取，並且取之不盡，用之不竭；信念像一張早已安置好的濾網，過濾我們所看到的世界；信念也像腦子的指揮中樞，指揮我們的腦子，照著信念所相信的，去看事情的變化。

4. 信念敲開成功之門

卡薩爾斯已經九十多歲了，他是那麼的衰老，加上嚴重的關節炎，不得不讓人協助穿衣服。走起路來顫顫巍巍，頭不時地往前顛；雙手有些腫脹，十根手指像鷹爪般的勾曲著。從外表看來，他實在是老態龍鍾。

就在吃早餐前，他貼近鋼琴——那是他擅長的幾種樂器之一。很吃力地，他才坐上鋼琴凳，顫抖地把那勾曲腫脹的手指抬到琴鍵上。

此時，神奇的事發生了。卡薩爾斯突然完全變了個人似的，透出飛揚的神采，而身體也跟著開始動作並彈奏起來，彷彿是一位健康的、有力的、敏捷的鋼琴家。

他的手指緩緩地舒展移向琴鍵，好像迎向陽光的樹枝嫩芽，他的背脊直挺挺的，呼吸也似乎順暢起來。是彈奏鋼琴的念頭，完完全全地改變了他的心理和生理狀態。

當他彈奏鋼琴曲時，是那麼的純熟靈巧、絲絲入扣；隨著他奏起布拉姆斯的協奏曲，手指在琴鍵上像游魚般的輕快地滑逝。

他整個身子像被音樂溶解，不再僵直和佝僂，代之以柔軟和優雅，不再為關節炎所苦。在他演奏完畢，離座而起時，跟他當初就座彈奏時全然不同。他站得更挺，看來更高，走起路來也不再拖著地。他飛快地走向餐桌，大口地吃著，然後走出家門，漫步在海灘的微風中。

卡薩爾斯熱愛音樂和藝術，那不僅曾使他的人生美麗、高貴，並且仍每日帶給他神奇。就因為他相信音樂的神奇力量，使他的改變讓人匪夷所思；就是信念，讓他每日從一個疲憊的老人化為活潑的精靈。說得更玄些，是信念，讓他活下去。

一個有信念的人，所發出來的力量，不下於九十九位僅心存興趣的人。這也就是為何信念能開啟卓越之門的緣故。

當我們內心相信，信念便會傳送一個指令給神經系統，我們便不由自主地進入信以為真的狀態。若能好好控制信念，它就能發揮極大的力量，開創美好的未來；相反的，它也會讓你的人生毀滅。是信念幫助我們挖掘出深藏在內心的無窮力量。

蒙提・羅伯茲的父親是位馬術師，他從小就必須跟著父親東奔西跑，一個馬廄接著一個馬廄，一個農場接著一個農場地去訓練馬匹。

由於經常四處奔波，他的求學過程並不順利。初中時，有次老師叫全班同學寫報告，題目是「長大後的志願」。

那晚蒙提洋洋灑灑寫了七張紙，描述他的偉大志願，那就是想擁有一座屬於自己的牧馬農場，並且仔細畫了一張二〇〇畝農場的設計圖，上面標有馬廄、跑道等的位置，然後在這一大片農場中央，還要建造一棟佔地四〇〇〇平方英尺的巨宅。

他花了好大心血把報告完成，第二天交給了老師。兩天後他拿回了報告，第一頁上打了一個又紅又大的F，旁邊還寫了一行字：「下課後來見我。」

腦中充滿幻想的蒙提下課後帶著報告去找老師：「為什麼給我不及格？」

老師回答道：「你年紀輕輕，不要老做白日夢。你沒錢，沒家庭背景，什麼都沒有。蓋座農場可是個花錢的大工程；你要花錢買地，花錢買純種馬匹，花錢照顧它們。

你別太好高騖遠了。你如果肯重寫一個比較不離譜的志願，我會重打你的分數。」

蒙提回家後反覆思量了好幾次，然後徵詢父親的意見。父親只是告訴他：「兒子，這是非常重要的決定，你必須拿定主意。」

再三考慮好幾天後，蒙提決定原稿交回，一個字都不改。他告訴老師：「即使不及格，我也不願放棄夢想。」

蒙提後來真的擁有了二百畝農場和占地四千平方英尺的豪華住宅，而且那份初中時寫的報告至今還留著。

兩年前的夏天，那位老師帶了三十個學生來蒙提的農場露營一星期。離開之前，他對蒙提說：「說來有些慚愧。你讀初中時，我曾潑過你的冷水。這些年來，我也對不少學生說過相同的話。幸虧你有這個毅力堅持自己的夢想。」

三、開發潛能要目標明確

1. 把握夢想的方向

不管是生涯規劃或者生活，目標的設定都是最基本的要求。要是沒有目標，你永遠不曉得自己該往何處去。這就好比是物理實驗中自由運動的粒子一樣，如果不能在隨機碰撞中巧遇到其他粒子，就只能一直不斷地運動下去，當然產生不了什麼變化。生活要是沒有了目標，就只能一成不變地吃、喝、拉、睡，沒有什麼變化可言。我們常說這種人如同行屍走肉，原因無他，生活沒有努力的目標，當然就失去了方向。

說得更直接一點，沒有目標也就像你花了一堆時間在規劃婚禮，卻從沒打算結婚一樣，你所做的一切到頭來都是一場空。還有些人更糟糕，老是誤將短期的計畫當作是目標規劃。比方說，老在計畫著假期要到什麼地方去玩，但卻不為生活做點實際的規劃。對這種人而言，生活只是經由假期來做一個片段一個片段的切割，和過一天算一天的人也差不了多少，這也是不曉得目標為何物的生活方式。

用駕車來做比喻。當你進了車子，發動引擎，卻不去動方向盤，怎麼可能到得了目的地呢？你猛踩油門卻不碰方向盤，車子當然還是會走，它也會帶你到某個地方去，但卻不一定會到達你想去的地方。因為，幾乎可以百分之百肯定的是，要不了幾秒鐘，你就撞車了。

在《愛麗絲夢遊仙境》一書中，當愛麗絲來到一個通往各個不同方向的路口時，她向小貓請教。

「小貓咪……能否請你告訴我，我應該走哪一條路？」

「那要看你想到哪兒去。」小貓咪回答。

「到哪兒去我都無所謂——」愛麗絲說。

「那麼，你走哪一條路，也都無所謂了。」小貓咪回答。

小貓咪說的可真是實話，如果我們不知道要前往何處，那麼，任何道路都可以帶我們到達不同目的地，只不過未必是你要的目標而已。

美國兒童文學女作家、著名小說《小婦人》的作者露意莎・梅・奧爾科特曾比喻說：「在那遠處的陽光中有我的至高期望。我也許不能達到它們，但是我可以仰望並見到它們的美麗，相信它們，並設法追隨它們的引領。」

目標是工具，它賦予我們把握自己命運的方法；目標是方向，它把我們引向充滿機會和希望之途。若能依循夢想的方向，滿懷信心地前進，並竭力去過自己所憧憬的生活，便能獲得出乎意料之外的成功……你若在空中造了樓閣，你的努力便不會迷失；樓閣原該在那裡，現在只需在它們下面打基礎。

一句英國諺語說得好：「對一艘盲目航行的船來說，任何方向的風都是逆風。」

目標是我們行動的依據，沒有目標，便無法成長。

有了目標，內心的力量才會找到方向。茫無目標的漂蕩終歸會迷路，而你心中那一座無價的金礦，也因不開採而與平凡的塵土無異。

有位哲學家一次漫步於田野中，發現水田當中新插的秧苗，竟是排列得如此整齊，猶如丈量過一般。他不禁好奇地問田中工作的老農是如何辦到的。老農忙著插秧，頭也不抬地回答，要他自己取一把秧苗插插看。哲學家捲起褲管，興沖沖地插完一排秧苗，結果竟是參差不齊，雜亂無章。

他再次請教老農，如何能插一排筆直的秧苗，老農告訴他，在彎腰插秧的同時，目光要盯住一樣東西，並朝著那個目標前進，即能插出一列整齊的秧苗。

哲學家依言而行。不料這次插好的秧苗，竟成了一道彎曲的弧形。他又請教老農，農夫不耐煩地問他：「你的眼光是否盯住一樣東西？」

哲學家答道：「有啊，我盯住那邊吃草的水牛，那可是一個大目標！」

老農說：「水牛邊走邊吃草，而你插的秧苗就跟著移動。你想，這道弧形是怎麼來的？」

哲學家恍然大悟。這次，他選定遠處的一棵大樹，也插出了一列整齊的秧苗。

沒有目標的人或目標不斷飄移的人生，亦如無舵之舟，無轡之馬，在茫茫的人海中，漂蕩奔逸，隨波逐流，就像哲學家所插的秧苗一樣，終將一無所成。

美國著名的石油大亨亨特，曾經在阿肯色州種棉花，結果一敗塗地，後來卻變成世界上最有錢的人之一。有人問到他成功的祕訣是什麼，他說：「想成功只需兩件事：第一，看清楚你要的是什麼，而大多數人從來不知道要這麼做。第二，要有必須為成功付出代價的決心，然後想辦法支付完這個代價。」

當你提出你的目標，並計畫著如何實現它的時候，可以把每一個具體的目標看作是一條小溪，它們將會流向大河，也就是中期目標，並最終歸於大海，也就是你的總目標。這些小小的溪流最終是流入大海，還是在中途枯竭，這完全取決於你的堅持。

亨利・福特曾說：「所謂的障礙，就是你把眼光從目標移開時所見的醜惡東西。」

不管遇到多少麻煩，絕不要輕易放棄你的目標，把阻擋在路上的絆腳石當作鋪路石，繼續向你的目標邁進。記住那句老話：「滴水穿石」。

2. 登上生命的巔峰

行動以前，請先想清楚自己要的究竟是什麼。如果一個人僅僅靠一份工作或是順利的職業生涯，便足以實現自我，無疑是否認自己是個生來有所為、有意義的生命個體。你過去或現在的情況並不重要，將來要獲得什麼成就才最重要。除非你對未來有理想，否則做不出什麼大事來。

假設此時你的生活一切順遂，而且有發揮能力的足夠空間，工作或職業再也不是問題。就在此時，你要處理的是「自我」，是一種追尋，要追求一種能使生命圓滿的努力方向。如果你以為只有特殊、重要的人物才會擁有生命目標，你就永遠無法逃離凡夫俗子的命運。

生命目標是對於所期望成就事業的真正決心，目標比幻想更貼近現實，因為它似乎易於實現。

正如空氣對於生命一樣，目標對於成功也有絕對的必要。如果沒有空氣，沒有人能夠生存；如果沒有目標，沒有任何人能成功。沒有目標，不可能成就任何事情，也不可能採取任何有意義的步驟。如果個人沒有目標，就只能在人生的旅途上徘徊，永遠到不了任何地方。所以對你想去的地方先要有個清楚的認識。

你想想這種情況吧！你想想那些人終生無目的地漂泊，胸懷不滿，但是並沒有一個非常明確的目標。你是否現在就能說說你想在生活中得到什麼？

進步的企業或組織都有十至十五年的長期目標。經理人員時常反問自己：「我們希望公司在十年後是什麼樣呢？」然後根據這個來規劃應有的各項努力。新的工廠並不是為了適合今天的需求，而是滿足五年、十年以後的需求。各研究部門也是針對十年或十年以後的產品進行研究。

人人都可從很有前途的企業學到一課，那就是：我們也應該計畫十年以後的事。如果你希望十年以後變成怎樣，現在就必須變成怎樣，這是一種重要的想法。就像沒有計畫的生意將會變質（如果還能存在的話），沒有生活目標的人也會變成另一個人。因為沒有了目標，我們根本無法成長。

確定你的目標可能是不容易的，它甚至會包含一些痛苦的自我考驗。但無論要花費什麼樣的努力，它都是值得的。因為沒有目標，我們的熱忱便會無的放矢，無處依歸；有了目標，才能有鬥志，才能開發我們的潛能。

從此，你的潛意識開始遵循一條普遍的規律進行工作。這條普遍的規律就是：「人能設想和相信什麼，人就能用積極的心態去完成什麼。」如果你預想出你的目的地，你的潛意識就會受到這種自我暗示的影響。它就會進行工作，幫助你到達那兒。如果你知道你需要什麼，你就會有一種傾向：試圖走上正確的軌道，奔向正確的方向。於是你就開始行動了。

從此，你的工作變得有樂趣了，你因受到激勵而願付出代價。你能夠預算好時間和金錢了。你願意研究、思考和設計你的目標，你對你的目標思考得愈多，你就會愈發熱情，你的願望就變成熱烈的願望。

從此，你對一些機會變得很敏銳了，這些機會將引領你達到目標。由於你有了明確的目標，你知道你想要什麼，你就很容易察覺到這些機會。

從此，你已了解自己獨特、與眾不同的一面，接受自己有待實踐的生命目標。如此一來，你的生命目標可能會帶給他人不同的啟示。這一切無需外求，無關乎淵博的學識，或豐富的生活經驗；要做到的僅僅是重視自己，並相信自己的生命與其他人同等偉大。

在追求目標的過程中，不懈地努力會讓你獲得成功經驗。成功的經驗可以讓人明白自己的長處和生存的特殊價值。在這樣的時刻，你能高度肯定自己，了解自己的存在是舉足輕重的，進而獲得一種滿足感。成功經驗的確象徵著不平凡的意義，但問題是，它們是如何產生的？那樣美好的感受該如何創造？以後還會有嗎？

找到了生命目標，就好比是找到了開發自我潛能的工具，這是開發生命「礦脈」的關鍵。不論付出多少，只要能發揮自己的潛力，就讓人體會到生命的意義和價值。為了登上生命的顛峰，何不大膽付出，盡情發揮？

3. 目標引導潛能發揮

沒有目標的人，就像那些鯨魚。他們有巨大的力量與潛能，但他們把精力放在小事情上，而小事情使他們忘記了自己本應做的事。

要發揮潛能，你必須全神貫注於自己的優勢，而目標能助你集中精力。

當你不停地在自己有優勢的方面努力時，這些優勢會進一步發展。最終，在實現目標時，你會發現自己成為什麼樣的人比你得到什麼東西重要得多。

你給自己定下目標之後，目標就會在兩個方面發揮作用：它是努力的依據，也是對你的鞭策。目標給了你一個看得著的射擊靶，隨著你努力實現這些目標，你會有成就感。對許多人來說，制訂和實現目標就像一場比賽。隨著時間的推移，你實現了一個又一個目標，這時你的思想方式和工作方式也會漸漸改變。

一九九一年，住在斯德哥爾摩的高蘭・克魯普產生了一個想法：靠自己的力量越過大陸到達尼泊爾，然後，在完全沒有別人帶領的情況下，不帶氧氣瓶征服珠穆朗瑪峰，最後用同樣的方法返回家鄉。

顯然他的計畫野心夠大的，但是有可能實現的。他首先對整段路程做了切實的研究，然後著手籌集旅行所需的二〇萬英鎊的贊助。為鍛鍊心肺功能，他開始和瑞典越野滑雪隊一起進行體能訓練。

一九九五年十月十六日他騎一輛自製自行車出發了，因為這是一次完全沒有後援的探險，他不得不隨身帶上全部裝備，總重量高達一百二十九公斤。

四個月零六天後他到達了加德滿都，在那兒開始把裝備運往基地的帳篷。他一次運七十三公斤，只能向前運五十五公尺，而且運一次要休息十分鐘。

他第一次開始懷疑自己完成計畫的能力。他說，那次搬運是他一生中唯一一次最可怕的體力考驗。

第三次登頂他成功了，下山後，他又騎上自行車，跋涉了一萬二千公里回到了瑞典。

這時距他離家已經過去了一年零六天。

目標不但使我們的行動有依據，人生有意義，還能激勵我們的鬥志，開發我們的潛能。

這彷彿是個定律，在人生的前方設定一個目標，不僅是一個理想，同時也是一個約束，就像跳高，只有設定一個高度目標，才能跳出好成績來。

我們每個人都有成功的潛力，也有成功的機會。以輝煌的成就度過人生也好，還是在敗北的屈辱中熬過人生也好，你所消耗的精力和努力的心血，實際都是一樣的。

當你確定只走一公里路的目標，在完成〇・八公里時，便會有可能感覺到累而鬆懈自己，以為反正快到目標了。但如果你的目標是要走十公里路程，你便會做好心理上和其他的準備，啟動各方面的潛在力量，這樣走七、八公里後，才可能會稍微放鬆一點。

設定一個遠大的目標，可以發揮人的很大潛能。

現在已經成為行業鉅子的一些公司，例如佳能和本田，他們制訂的目標是針對二十、三十年後的。他們把目標瞄準未來，那就是他們前進的方向。日本的松下是一家大的控股公司，有著廣泛的業務領域，它制訂的戰略計畫針對今後三百年。聽起來也許有點玄，但這有助於他們循序漸進地提出一系列問題，例如，現在的投資將來可以提供後人完成長期目標嗎？

對於個人來說，清醒認識自己在將來要獲得的成就，會在很大程度上影響到我們成功的能力。

年輕時我們曾有許多野心，隨著年齡的增長，惡劣的生存環境使我們漸漸淡忘了這些野心和夢想。我們青年時代的美夢褪色了，我們覺得這些夢想已經無法實現了，這樣做的結果是我們永遠無法看到未來。有一個方法可以克服這個困難：永遠別忘了審視自己，比如是否實現了早年的那些野心。

要想做到這一點，我們得想像自己已經取得了成功。不能因為現狀給我們帶來了安全感和安逸感，就無法擺脫它。也不能因為困難太大、風險太大，就停在原地不動，不做別的事情。

想想那些英雄，想想那些勇往直前的英靈吧。他們手中沒有地圖，就去尋找那些未知的土地，他們知道自己將發現一個新世界，在旅途中你也得具備同樣的信心和激情來激勵自己。所以現在就努力吧，離開你舒適的安樂窩，像鳥兒飛離籠子一樣，在門打開飛出去的那一瞬必須充滿勇氣，相信自己，踏上征途，除非成功，否則絕不放棄。

4. 制訂正確的目標

許多人庸庸碌碌，默默以終，這是因為他們認為人生自有天定，從沒想到可以創造人生。事實是，人存在於世上，那是天定；好好地利用自己的生活，使它朝著自己的計畫和目標奮進，這樣就成了人生。

你應該掌握你的人生使命，高懸某種理想或希望，奮力以赴，使自己的生活能配合一個目標，從而實現成功。

偉大的人生以憧憬開始，那就是自己要做什麼或要成為什麼。南丁格爾的夢想是要做護士，愛迪生的理想是做發明家。這些人都為自己想像出明確的前途，把它作為目標，勇往直前。他們成就偉大事業的主要原因是有崇高的理想在激勵他們，激勵他們發揮潛能。

在開始邁向成功之前，應先問你自己一個問題：你的目標是什麼？

設定明確的目標，是所有成就的出發點。九十八%的人之所以失敗，其原因就在於他們從來都沒有設定明確的目標，並且也從來沒有踏出他們的第一步。

當你研究那些已獲得成功的人物時，你會發現，他們每一個人都各自有一套明確的目標，都已訂出達到目標的計畫，並且花費最大的心思和付出最大的努力來實現他們的目標。

卡內基原本是一家鋼鐵廠的工人，但他憑著製造及銷售比其他同行更高品質的鋼鐵的明確目標，而成為全國最富有的人之一，並且有能力在全美國小城鎮中捐蓋圖書館。

他的明確目標已不只是一個願望而已，它已形成了一股強烈的欲望，你也一樣，只有發掘出你的強烈欲望才能使你獲得成功。

我們每個人都希望得到更好的東西，如金錢、名譽、尊重，但是大多數的人都僅把這些希望當作一種願望而已，如果你知道你希望得到的是什麼，如果你對達到自己的目標的堅定性已到了執著的程度，而且能以不斷的努力和穩健的計畫來支持這份執著的話，那你就已經是在發展你的明確目標了。

明確的目標是你努力的依據，也是對你的鞭策。明確的目標給你一個看得見的彼岸。隨著你實現這些目標，你就會有成就感，你的心態就會向著更積極主動的方向轉變。

明確目標使你看清使命，產生動力。有了明確目標，對自己心目中喜歡的世界便有一幅清晰的圖畫，你就會集中精力和資源於你所選擇的方向和目標上，因而你也就更加熱心於你的目標。愛默生說：「一心向著自己目標前進的人，整個世界都給他讓路！」

人們處事的方式主要取決於他們怎樣看待自己的目標。如果覺得自己的目標不重要，那麼所付出的努力自然也就沒有什麼價值；如果覺得目標很重要，那麼情況就會相反。如果你心中有了理想，你就會感到生存的重要意義，如果這個理想（人生目標）又是由一個個目標群組成的，那麼，你就會覺得為目標付出動力是有價值的。一句話，明確的目標會使你感受到生存的意義與價值。

成功不是做了多少工作，而是獲得多少成果。目標使你集中精力，把重點從過程轉到結果，把握現在。

目標對目前工作具有引導作用。也就是說，現在所做的，必須是實現未來目標的一部分。因而讓人重視現在，把握現在。沒有目標，我們很容易陷入跟理想無關的現實事物中。一個忘記最重要事情的人，會成為瑣事的奴隸。

目標，使我們心中的想法具體化，更容易實現。工作起來心中有數，熱情高漲；目標能提高激情，有助於評估進展。目標同時提高了一種自我評估的重要方法，即標準。你可以根據自己距離目標有多遠來衡量取得的進步，測知自己的效率。

信心、勇氣和膽量來自於「知彼知己」。對目標及實現過程的清晰透徹的認識，必然使你從容不迫，處變不驚，自我完善。自我完善的過程，其實就是潛能不斷發揮的過程。而要發揮潛能，你必須全神貫注於自己的優勢並且會有高回報的方面。目標能使你最大限度地集中精力。當你不停地在自己有優勢的方面努力時，這些優勢必然進一步發展

四、開發潛能要立即行動

1. 打開另一道門

有些人所以不能成就大事，是因為他們沒有把行動的力量發揮出來。

根據生命的定律，命運的門關閉了，信仰會為你開另一道門。所以我們應該積極尋找一道敞開的門；而在幸運之門前向你招手的，就是「行動」。只有不停地從事有意義的行動，我們才能從挫折、不幸的境遇中解放出來。

成功與失敗的分野在於：前者動手，後者動口，卻又抱怨別人不肯動手。

很多人都知道哪些事該做，然而真正力行去做的人卻不多。樂觀而沒有積極的行動來配合，就只是一種自我陶醉。

查理在孩童時就一直想學鋼琴，但他沒有鋼琴，也沒有上過課、練過琴。對此他深感遺憾，他決定長大後一定要找時間去學鋼琴，但他似乎沒有時間。這件事讓他很沮喪，當他看到別人彈鋼琴時，他認為「總有一天」他也可以享受彈鋼琴的樂趣，但這一天總是那麼遙遠無期。

光是知道哪些事該做仍是不夠的，你還得付諸行動才行。赫胥黎說：「人生偉業的建立，不在能知，乃在能行。」用心定下的目標，如果不付諸行動，便會變成畫餅充饑。

希望大家不僅認識這些教誨，更要去實踐它，因為知道是一回事，去做又是另一回事。《聖經》說：「只是你們要行道，不要單聽道，自己哄自己。因為聽道而不行道的，就像人對著鏡子看自己本來的面目，看見，走後，隨即忘了他的相貌如何。」

偉大的藝術家米開朗基羅曾看著一塊雕壞了的石頭說：「這塊石頭中有一個天使，我必須把祂釋放出來。」

成功的畫家盯著畫布說：「裡面有一幅美麗的風景，等著我把它畫出來。」作家盯著稿紙說：「這兒有一本曠世名著，等著我把它寫出來。」企業家說：「我有很好的創業理念和理想，我一定會做到，它等著我將它達成。」你呢？我們往往都只看見理想或是夢想，卻從不採取行動。為什麼不採取行動呢？

現在我們已經準確定義了自己的目標，那麼踏上征途的最佳時間是什麼時候呢？現在就是——不單是物理意義上的，也是精神意義上的。

我們要毫不遲疑地踏上征途，如果猶豫的話，也許事情就會擱置幾個星期、幾個月，甚至永遠，然後結局就像那些老人們的一樣：當問如果時光可以再來，他們會……這些被我們視為理所當然的事都是他們當年沒能抓住的機會。

別再猶豫了，如果想做的事情是符合法律和道德規範的，既不會傷害別人，自己又不會有什麼損失，何必顧慮那麼多呢？

請別讓自己變成那樣，現在就放膽去做！

為什麼不敢嘗試？誰人沒有童心？誰人沒有雅量？在你看來太過突兀的事，別人可能也很想做，只是沒勇氣嘗試而已，現在你勇敢地做了，他們還可能為你鼓掌喝采呢！再說，既然未對他造成任何不便，對方怎麼會容不下。

也許身邊的人不喜歡你依自己的想法去做，從而讓你想試卻不敢動手。那又怎麼樣呢？你是該為別人著想，可是不也該為自個兒多努力一些嗎？

每個人都有許許多多的夢想，實現夢想的企圖心也很強，可就是一直都在原地踏步。他們總是不停地規劃：下個月要去哪裡，明年要做什麼，但就是停留在計畫階段而已，一年、二年過去了，也不曉得要到何時才會實現。

如果願意的話，每一天都可以是嶄新的開始，你的機會就是現在。

2. 養成行動的習慣

如果你習慣性地總是在一月一號下決心的話，不管決心是什麼你都實現不了，雖然你都會著手去做，但一般只能堅持到三號或四號，這時大腦開始毫無例外地回憶起失敗的經歷。比如你下決心每天早起四十分鐘出去跑步，你也許會堅持二、三個星期，但從未成功的記憶判了你的死刑，原因只是「一直都是這樣」。

如果你希望與眾不同，那麼從現在開始吧！如果不是馬上採取行動，至少也要做好心理準備，為將要發生的變化打好基礎。

如果沒有勇氣離開海岸，你永遠不會發現新大陸。

把為什麼必須現在就開始的原因寫下來，把對你有利的所有的東西都列出來，這會加強你解決問題的信心。

隨著不斷獲得小小的成績，你的自我評價在增加，行動將變得更有意思，整個過程也更激動人心，你會變得更有熱情、更自信、更快樂。

你將發現人們注意到了你的這種新信心，這種內在財富來自於你清楚知道自己的目標，清楚你的目標會實現的，所以今天就開始吧。

社會上，有能力的人非常多，這些人成功的真正原因中，有一不可缺少的要素，就是「行動的能力」。不管你是經營事業、推銷產品、研究科學或是在公司任職，各行各業中，成功的必要條件都是「行動」，也就是做一個能夠自動自發的人。

人可以分成兩種類型，會成功的人屬於積極的，我們把他稱為「積極派」，而普通平凡鮮能成功的人是消極的，我們把他稱為「消極派」。積極派的人是實踐家，他們發起行動來成就事情，把自己的構想計畫付諸實行。而消極派則是不實行派，他們往往找各種藉口，一直拖延到來不及為止，一點也不積極地採取行動。這兩種類型的人的差異可在許多小事情上看得出來。

積極的人如果計畫休假，就能很快付諸實行，但消極的人如果也有這種計畫，他們往往會拖到第二年。

其實這兩種人不只在小事上有差異，在大事上也全然不同。積極的人如果想要獨立做生意，很快就會實現，而消極的人雖然是這麼想的，但在實行之前，往往會因「不要做這個比較好……」等等藉口，而不願開始行動。

積極派和消極派的差異，可以在所有行動上表現出來，積極的人，想做什麼都會馬上實踐，結果往往獲得許多額外收穫，如：信賴、安定的心情、自信，以及收入的增加等。

消極的人卻沒有什麼行動，他們常常只會空想，眼睜睜地讓時光溜走。他們在開始行動之前，就會說什麼：「要等到所有事情有百分之百的把握，可以順利進行時……」也就是要等待時機，以求盡善盡美。

但是我們要做的事，誰能有百分之百的把握？因此，這些藉口往往使他們「永遠在等待」，而一事無成。

無論什麼人，若想走成功之路，一定要養成「行動」的習慣。採取行動時，要注意：不要讓你的精神役使你，而要想法子運用精神。

雖然工作很單純、很瑣碎、也很討厭，我們還是可以試用規劃式的方法去做。不要一直存有「討厭」的念頭，應該試試看，先把自己投入工作，不要猶豫地把這工作做做看。

在做構想、做計畫以及解決問題和做其他需要高度精神作業的工作時，你用規劃式的方法做做看，不要讓精神役使你，先按捺住性子，坐在桌子前運用你的精神試試看。

運用你的精神的祕訣是：先準備好紙筆，即使是一塊、兩塊錢的鉛筆也無所謂，往往這些廉價的鉛筆就會替你帶來無限的財富，因為它是使你精神集中的最佳道具。

當你在紙上寫出某種想法時，你所有的注意力會集中在思考裡，那是因為精神一方面在做著思考，另一方面和思考不一樣的事也能顯示出來。你在紙上寫下所思考的事時，你在心理上也應該寫著，你把某一想法寫在紙上時，那事會更正確、更長久地記在自己的腦中，這可以當成是一種憑藉。

當你一旦養成集中精神使用紙和鉛筆的習慣時，你在嘈雜的環境中也能思考，「心情萎靡時，我就執筆寫作。」有這種情況的詩人，可見他對集中精神的道理是頗具心得的。

3. 立即行動

每天都有幾千人把自己辛苦得來的新構想取消或埋葬掉，因為他們不敢執行。過了一段時間以後，這些構想又會回來折磨他們。

人生偉業的建立，不在於能知，而在於能行。於無窮處全力以赴，你會發現眼目所及之處仍有無窮天地。

「我當時本該那麼做，卻沒那麼做。要是當初做了，我今天早發啦！」這等於廢話，毫無價值和意義。再好的主意、計畫、打算，若只是說說或寫在紙上，根本沒去行動，那只是自欺欺人或使人空留歎息罷了。反之，如果真的徹底實行，做了，那當然會帶來一定的效益。

一個人若制訂了人生目標，卻不去行動，這目標等於虛設。冥想苦思謀劃如何有所成就，如何賺大錢，絕不能代替實地去做。行動才是化目標為現實的關鍵，行動才是潛能的引爆器。

為了使行動容易，將所需的工作環境整理好，或把周圍一些令心情散亂的事物消滅掉，也是必要的措施。但最重要的，是你開始要做的「執念」。在報社這種喧鬧的環境中工作的記者，或在忙碌的證券和股票堆中工作的營業人員，只要他們有去工作的意念，仍然可以將周圍的嘈雜從心中驅逐出去，而全神貫注於自己的工作上。

行動的最好方法，就是要馬上去做，立刻去做，不論從哪個角度看，這都是一句真理。

有一位美術設計家，他很有能力。每當他到了工作的時間，一定馬上拿起畫板開始做事。在這段時間內，他從來不打電話閒談，也不會喝咖啡等等。他從長期的經驗中已了解到，在紙上沒有成績是不可以到任何地方去的。

你也要像那位美術設計家一樣，從尚未完工的地方，繼續工作。開始工作是需要幹勁的，一定把這一點放在腦中不要忘記。如果在工作中途要停頓，應該在段落顯明的地方停頓，或者在要把工作停下的時候，應決定「什麼時候」、「如何再開始做」的腹案。

需要新資料時，要找找看其中有沒有你所熟悉的因素，假使有，必須利用它作為出發點。假使找不出直接的類似點，不妨和你過去的經驗或你所知道的其他狀況比較看看，這麼做或許你就會找到再度著手的有利線索。

某種事情，無論如何不可能辦到時，一定要找出問題的核心，面對它的癥結所在，一旦克服了它，其他部分就容易解決了。假使你無論如何也找不出邏輯做法時，應該在「你認為可以」的地方著手。

平時就要養成一種習慣，用自我激勵警句「立即行動」對某些小事情做出有效的反應。這樣，一旦發生了緊急事件，或者當機會真的到來時，你同樣能做出強而有力的反應，立即行動起來，而不至於任由機會擦身而過。

假如你一直想給一個人打電話，但由於拖延的習慣，你沒有打這個電話。當「立即行動」的警示進入你的意識心理時，你就會立即去打這個電話。

假定你把鬧鐘定在上午六點。然而，當鬧鐘鈴響時，你睡意仍濃，於是起身關掉鬧鐘，又回到床上去睡。久之，你會養成早晨不按時起床的習慣。但如果你聽從「立即行動」這一敕令的話，你就會立刻起床，不再睡懶覺。

許多人都有拖延的習慣。由於這種習慣，他們可能出門誤車，上班遲到，或者更重要的——失去可能更好地改變他們整個生活進程的良機。歷史已經記錄了有些戰役的失敗僅僅是由於某些人拖延了採取得力行動的良機。

立刻去做！可以應用在人生的每一個階段。幫助你做自己應該做、卻不想做的事情；對不愉快的工作不再拖延，抓住稍縱即逝的寶貴時機，實現夢想。

不論你現在如何，只要用積極的心態去行動，你都能達到理想的境地。

五、開發潛能要營造良好氛圍

1. 創造激發潛能的和諧氛圍

一滴水只有放在大海裡，才能永遠不會乾涸。

一個人縱然是滿腹經綸，才華橫溢，其能力的實現也離不開一定的人際環境。其能力只有在一定的集體背景下才能凸現，集體的作用豈止如此，甚至還能在一定程度上對個體能力進行放大與倍增。

人的能力到底如何，往往要取決於能力的兌現情況，能力的實現是能力的重要標誌，實現的效果往往成為能力價值的尺度。能力往往要在一定的環境與條件下才能形成與實現，特別是人際環境往往是能力形成與實現的重要因素。

美國某大鐵路公司總裁史密斯說：「鐵路的成分九十五%是人，五%是鐵。」他的話反映了其他成功人士的共識，也為多項科學研究所證明。無論你做哪一行，或從事何種職業或專業，若學會處理人際關係，你就在成功路上走了八十五%的路程，在個人幸福的路上走了九十九%的路程了。

人際關係有時是潤滑劑，有時是阻塞器，它可以幫助我們成功，也可以使我們失敗。我們與配偶的關係怎樣，決定著我們與子女的關係；我們的家庭關係則給我們與別人的關係定下了基石，極少見到長久成功的人與配偶的關係是很糟糕的。

同樣道理，我們與同事、上司及雇員的關係是我們生意成敗的重要原因。除非一個人與別人有良好的關係，否則任何技術知識、技能都不能使他得心應手，發揮自如。

幾位教師向二千名雇主寄出一份問卷。調查被解雇的員工的資料，然後回答：「你為什麼要他離開？」無論行業是什麼，地區在哪裡，有三分之二的答覆是「他們是因為與別人相處不好而被解雇的」。

如果你對此半信半疑，可以看如下事實。人們在對美國商界所做的領導能力調查中證實：管理人員的時間平均有四分之三花在處理人際關係上；大部分公司的最大一筆開支用在人力資源上;任何公司最大的、也是最重要的財富是人;管理人員所制訂的計畫能否執行,其關鍵是人。

無論你的目標是什麼,選擇了什麼職業,如果你想獲得人生的成功,你必須學會與別人建立好關係。

人際關係並不是什麼神祕的東西。善於與人打交道並不局限於生來就有某種魅力的人,雖然有些人的確天生有這方面的了不起的本領,但對我們大多數人來說,與人保持良好關係的本領是後天學習得來的。下面的這些原則就能指導幫助你了解別人,建立良好的人際關係,創造一個激發潛能的和諧氛圍:

1 不要低估任何人的價值。
2 別佔他人的便宜。
3 虛心請別人提出建議或給予幫助。
4 別忘了給朋友「來點驚喜」。
5 多考慮別人的感受。
6 把注意力從自己身上移開。
7 真誠地關心別人。
8 認真地了解別人。

9在生活中注入包容和了解。

2.和諧是自然的法則

和諧是自然的法則，也是肉體和心理健康的根本。身體的器官不再分工合作，就是疾病與死亡的開始。

人生的成功——不論所謂的成功為何，都需要個人與環境的和諧。富麗的皇宮之內，若人們無法和睦相處，就不如簡陋的茅屋。太空中的星球若不能在各自的軌道上運行，就會互相撞擊毀滅。

程式不和諧，是失敗最大的原因。

優美的音樂、詩歌都建立在和諧的基礎上，偉大的建築也是架構於和諧，否則只是一堆雜亂的建材。良好的企業管理也是建立在和諧的基礎上。

人體是複雜的組織，由器官、腺體、血管、神經、肌肉等等構成。大腦的能量刺激行動，協調身體各部分的功能。從出生到死亡持續的奮鬥過程中，最微妙的工作是調和意志的力量，並將其引導至一個特定的目標，唯有具備此項和諧的要素，才能形成正確的思考。

我們所處的宇宙是有一定規律且和諧的，但人類卻必須掙扎努力才能使人際關係趨近這種狀況。合作似乎是違反人性的，但成功的人知道如何逆流而上，做別人不願意做的事。他們學會靠合作而求得群體的利益，學會在任何關係中找到和睦之道。不論是生意、個人或專業上的關係，都要細心經營。想到與人合作獲益絕對比與人對抗要多，你就會覺得舒坦多了。

與任何人的關係出現不協調的狀況時，多半有著經濟問題的牽連，但對人際方面的影響則更重大。當你被扯入充滿紛爭的關係中時，可用於完成生活目標的精神及體力，被毫無意義地浪費在一些爭吵算計之中。很不幸的，不論是什麼原因造成這樣的衝突，都會對所有當事人造成極為負面的影響。

當你發現自己處於一種劍拔弩張的氣氛時，有幾種方式可以將之化解。一是解決自己的問題，或乾脆離開那個環境，只有你自己才知道何種解決方法最好。但如果不能離開那個環境，那麼最好的辦法可能是拋棄你的自尊，來尋求每一個有關的人都肯接受的方式而加以解決。要是你做不到，也許這是結束合作關係，另謀出路來實踐人生目標的時候了。

當你捲入與人爭辯的狀況時，或許這是唯一一次什麼都不選擇的時候。這基於一個非常實際的理由：一旦你與他人辯論，即使你贏了，你仍然將過多不必要的壓力加諸自己的身上。你心中充滿憤怒、怨恨等不良情緒時，就不可能再保持正面、積極的心理態度了。

沒有人能真正地激怒你，除非你允許他們這麼做。與其跟對方爭吵，不如問一些沒有威脅性的問題，像是：「你為什麼會有這樣的感覺？」「我做了什麼事讓你這麼生氣？」「我要如何改善呢？」

你也許會發現，整件事可能不過就是個誤會，很快就可以改正的。即使問題比想像中嚴重，你積極處理的方式對解決問題也是大有幫助。

不妨試著想：別人是無法反對你的——當你已經贊同對方後。這並不是在建議你放棄原則去妥協，而是告訴你，尋求雙方的共識來說服最初不同意的人，同時保持自己原有的信念是可能的。

別人在因為你或你牽涉的某種狀況生氣時，讓他們明白你確實了解「他們」的感受。由他們的角度來看問題，找出衝突的根源，看看如何解決才能顧及所有人的利益，你對整個事件能有什麼貢獻。

當你努力謀求解決的辦法而非加入抱怨的行列時，別人大多會以寬容的態度回應。

當我們與別人建立關係時，多半產生兩個問題：「我能信任你嗎？」「你真的關心我嗎？」由過去成功的合作情形來看，不論是個人或生意上的關係，答案可能要很遲才會揭曉。雖然互信互賴是所有良好人際關係的基石，但它們卻非常脆弱。即使已經長達數年的友情，很可能因為幾個無情的字眼，或一個自私的行為而造成無法挽救的傷害。所以不要草率地做出反應，也不要對重要的朋友發脾氣。

就如同在與別人的談話中多聽少說，與人交往時應投其所好而非關注於自己的喜惡一樣。當你持續地努力以自己希望被對待的方式來對待別人，人們就會喜歡與你親近，並且尊重你、信賴你，願意成為你忠實的友人。

一旦你學會了控制自己的情緒及唯我獨尊的心態，並且時常考慮別人的需求及想法，那麼無可諱言的，你就是以友善的態度及體恤的行為在「誘人上鉤」而交上無數的朋友。

大部分人都無法「獨自前行」，不論在事業或個人生活等各方面皆是如此，我們在達到自己希望的成功路途中始終需要別人。

當我們擁有一切卻無人可分享的話，又有什麼意義呢？你當然可以選擇與人共同努力，你也可以忽視旁人，又或許你選擇與人對立；但你想在生命中獲得偉大的成就時，就必須與人和睦相處，共同奮鬥。

你個人的目標恰巧與另一個人相同時，共同合作不但會使你減輕負擔，而且產生的效果遠比你單打獨鬥所能達到的程度為佳。

六、開發潛能要把握時間

1. 時間管理之道

一個百萬富翁和一個窮光蛋至少在某一方面是完全一樣的，他們一天都只有二十四小時，一千四百四十分鐘。但是大部分的人卻總是在抱怨他們的時間不夠多，事情做不完。對每一個成功的人來說，時間管理是很重要的一環。時間是我們最重要的資產，每一分每一秒逝去之後再也不會回頭，問題是你如何有效地利用你的時間。

為自己做個「希望銀行」吧！我建議，把一些想要做但卻從未實行的事寫在單子上，按照預計可完成的時間予以分類。

剛開始這麼做的時候，你可能還不是很熟悉，所以，不妨先把五分鐘內可完成的事情放進銀行裡，因為每件事情花費的時間不是很多，實現的可能性最高，可以藉此培養你對時間的掌握能力。等到可以控制自己的時間時，再放進十分鐘內可完成者，接著再放進十五或三十分鐘的，然後逐步增加時數。

接下來，定期許個願望，寫一張願望卡擺在旁邊，一有空檔就努力去實現它。你也許可以這麼寫：「我希望能空出三十分鐘讀本好書。」任它擺多久都沒有關係，重點是在，當你發現剛好有三十分鐘的空閒時，就得趕緊好好地去做！

研究時間管理之道，首先你必須知道，一個小時沒有六十分鐘。事實上，一個小時內只有你利用到的那幾分鐘而已。

時間表排得太滿雖然沒有什麼不好，但是如果排了太多不必要的行程，為了一五一十地按照行程依序完成，你就會不時瞥瞥時鐘，忙不迭地趕東趕西。這時的你，就是被時間控制而失去了自主權，這樣的行程表就沒有太大的意義了。

千萬別讓時鐘成為奴役你的暴君！

請你每天檢視一下自己的行程，看看到底是哪些事情在浪費你的時間。也許是電話打得太久；或許看了太多電視、雜誌；也有可能是每次約會都到得太早，浪費了不少時間在等待。

一個好的行程應該是有點鬆又不會太鬆，有點緊又不會太緊，每個行程之間要預留點空白，好讓自己能夠處理突發事件，當然，如果某個行程偶然延遲的話，也就不會佔用到下一個行程的時間。更何況，每件活動可能都需要一點前置時間，如果能夠預先留空，至少可以讓你能預做準備。

如果真的發現行程表裡有這些問題，千萬不要以為沒什麼大不了，應該趕緊糾正過來，因為，這些「沒有什麼」的習慣，會一點一滴地侵蝕你的時間，今天你看了一個小時的報紙，明天可能會花你一個小時又十分鐘，幾個月後，可能就得每天用上二個小時。不良的習慣一旦成了自然，你想改都改不掉。

將時間稍微分割一下，找出突發事件要耗掉你多少時間，就以這些時間來當作行程之間的緩衝期。這樣一來，你就可以讓時間為你工作。

調整自己的時間，試著把一些難纏的約會、計畫，或是重大的變革延期，不要期待一次就能完成。雖然這麼做可能會遇到一些無可避免的困難，但還是得盡力而為。畢竟，唯有能充分掌握時間的人才能掌握自己。

你一天要浪費幾個小時呢？如果你真想知道，不妨來做一個實驗。首先，你找一份行事曆，把每一天劃分成三個八小時的區域，然後再把每個小時劃成六十分鐘的小格。在這整個星期裡面，你隨時把你所做的事情記錄在你劃的表格中，連續做一個星期試試看，再回頭來檢查你的行事曆，你就會發現，由於拖延和管理不良，你浪費了多少寶貴的光陰。

當你了解到你是如何在使用你的時間之後，再回頭重做一次實驗。這一次，多用點心思來計畫你的時間，把需要做及想要做的事仔細安排進你的時間表，再看你的效率是否會好一點。

記住一件事，時間是你唯一可以賣給他人或自己的東西，你對時間的利用率越高，你越可以靠它賣得好價錢。

今天是最重要的一天，因為你可以利用它，也可以浪費它，可是不管你怎麼過這一天，你都是拿自己生命中的一天來換它。

善用你所擁有的光陰，把你的時間投注在完成目標之上。

前奧運撐竿跳冠軍巴伯理查被問及獲勝的原因時，說他在撐竿跳這項運動上，花了超過一萬個小時的工夫。他說一個人只要肯花一萬個小時去做一件事，那就沒有任何事做不成。

如果你也肯花一萬個小時去做一件事，你也可以做好任何事。

有一個作家利用他每天等火車的空檔寫了一本書，還有一位作曲家利用塞車的時間完成了一首狂想曲，你的現有時間也是可以好好利用的。

美國有一份暢銷雜誌對十四家公司的十八名高級主管進行了一項時間利用調查，結果發現，這些主管平均一天要花五個半鐘頭的時間在談話上。結論是，主管其實有充裕的時間來完成他們的目標，他們只是不用它罷了。

我們每個人可用的時間都一樣多，可是在托爾斯泰寫就了《戰爭與和平》，愛迪生發明了電燈的時間中，你在做什麼？

對自己提出下列問題並誠實作答，切勿故意說假話來滿足自己的虛榮心，因為這些問題的目的，在於使你發現哪些地方應進行改善，而不是要給什麼獎賞。

對自己定了明確目標了嗎？制訂執行計畫了嗎？每天花多少時間在執行計畫上？主動執行或是想到了才執行？

為了達到明確目標你做了什麼付出？正在付出嗎？何時開始付出？

你多半把時間花在執行計畫上還是老想著你所碰到的阻礙？

你經常為了將更多的時間用來執行計畫而犧牲娛樂嗎？或者經常為了娛樂而犧牲工作？

你能把握每一分鐘時間嗎？

你把你的生活看成是你過去運用時間的方式的結果嗎？你滿意你目前的生活嗎？你希望以其他方式支配時間嗎？你把逝去的每一秒鐘都看成是生活更加進步的機會嗎？

你何時表現出多付出一點點的舉動？每天都為更多付出或只有在他人注意時才會表現多付出？你在表現多付出一點點的舉動時心態正確嗎？

你給自己發揮想像力的機會嗎？你何時運用創造力來解決問題？你有什麼需要靠創造力才能解決的問題嗎？

你會放鬆自己、運動並且注意你的健康嗎？你計畫明年才開始嗎？為什麼不現在開始？

做這份檢討問題表的目的，在於促使你對自己做一番思考。你對於時間的運用方式充分反映出你將成功原則化為你生活一部分的程度。

2. 時間就是金錢

時間就是金錢。

一個小時能賺十塊錢的人，他玩了半天，或躺在沙發上消磨了半天；他以為他在娛樂上僅僅花了六毛錢而已。不對！他還失去了他本可以賺得的五塊錢。誰殺死一頭出生的小豬，那就是消滅了牠的一切後裔，以至牠的子孫萬代；如果誰毀掉了五塊錢，那就是毀掉了它所能產生的一切，也就是說，毀掉了一座金山。

利用好時間是非常重要的，一天的時間如果不好好規劃一下，就會白白浪費掉，就會消失得無影無蹤，我們就會一無所獲。

成功與失敗的界限在於怎樣分配時間，怎樣安排時間。人們往往認為，這兒幾分鐘，那兒一小時沒什麼用，但它們的作用很大。時間上的這種差別非常微妙，要過幾十年才看得出來。但有時這種差別又很明顯，貝爾就是一個例子。

貝爾在研製電話機時，另一個叫格雷的也在進行這項試驗。兩個人幾乎同時獲得了突破，但是貝爾到達專利局比格雷早了兩小時，當然，這兩人是不知道對方的，但貝爾就因這一百二十分鐘而取得了成功。

你最寶貴的財產是你手中的時間，好好地安排時間，不要浪費時間，請記住浪費時間就等於浪費生命。

時間是組成生命的材料，利用好時間是非常重要的。一天的時間如果不好好規劃一下，就會白白浪費掉。成功與失敗的關鍵之一在於怎樣安排時間。

如果想成功，必須重視時間的價值。

時間對任何人、任何事都毫不留情，它可以毫無顧忌地被浪費，也可以被有效地利用。要把自己有限的時間集中在處理最重要的事情上。切忌每樣工作都想承攬，要有勇氣並機智地拒絕不必要的事與次要的事。

時間不可能集中，往往出現很多零散時間，要珍惜並充分利用大大小小的零散時間，將零散時間用來從事零碎的工作，從而最大限度地提高工作效率。

在位於費城的美國造幣廠中，在處理金粉工廠的地板上，有一個木製的格子。每次清掃地板時，這個格子就被拿了起來，裡面細小的金粉隨之被收集了起來。日積月累，每年可以因此節約成千上萬美元。

事實上，每一個成功人士都有這樣的一個「格子」，用於把那些零碎的時間，那些被分割得支離破碎的時間，那些常人不注意的零零碎碎的時間，都收集利用起來。等著咖啡煮好的半個小時，不期而至的假日，兩項工作安排之間的間隙，等候某位不守時人士的閒暇，等等，都被他們如獲至寶般的加以利用，並足以取得令那些不懂這一祕密的人目瞪口呆的業績。

凡在事業上有所成就的人，都有成功的訣竅。變閒暇為不閒，也就是不偷清閒，不貪逸趣，這便是訣竅之一。

有人利用閒暇時間博覽群書，汲取知識的甘泉；有人利用閒暇時間遊歷名山大川；有人利用閒暇時間廣交朋友，撒播友誼的種子。這都是可取的。

要善於把握時機。時機是事物轉折的關鍵時刻，要抓住時機的轉化，推動事物向前發展。錯過了時機，往往使到手的成果付諸東流，造成一著不慎、全域皆輸的嚴重後果。所以說，成功人士必須善於審時度勢，捕捉時機，把握重點，注意關鍵。

你最寶貴的財產是你的生命中的時間。要好好地安排時間，不要浪費時間。請記住：浪費時間就等於浪費生命，時間即金錢。

成功人士要盡量避免浪費時間的會議、不必要的約會及過於頻繁的社交活動。但如果是非參加不可的經常性例行活動，他們也許無法逃避，他們也會忍受的。成功人士應盡量想辦法改變浪費時間的局面，只要他們可以不參加的會就盡可能請人代替。假如朋友請你接手一項計畫，但是你已經負荷過多，或是你對這項計畫並不感興趣，你可以仿照許多優秀的時間管理專家說的話答覆說：「抱歉，我現在沒有辦法幫你。」

一個有效的技巧是表達你對於必須擱置他們的要求而感到憂慮。你應該注意措辭，可利用下面的說法：「我正在寫一份我們討論過的報告，我也很想去參加那個會議。你覺得哪一個比較好？」

日常生活中，你經常需要暗示給跟你談話的人你有多少時間。有些人一點也不怕說：「我要走了，再見。」然後就起身離開。

某一個銷售員，一個星期平均訪問了二十小時，假定大約有二十萬元銷售額，以這個來做銷售員的銷售時間，每一小時就變成有一萬元的價值，假使他在平均二十小時上再加上每個星期增加五小時，也可能把銷售額在一個星期中增加五萬元。

推銷化妝品成績最高的A君月入最少也有六十萬元，有一次某保險公司找他去演講。演講完，他得到了一萬元的報酬，保險公司認為就這樣讓他回去不好意思，就招待他吃飯。

吃飯時間愈久，A君感到愈不能定下心來，他說要失陪了，而這些招待他的人，一半抱著聽他說話的心情，一半則以消磨時間的心情來挽留他，A君就率直地說了：

「也許，我這麼說會得罪你們，可是我的時間一個小時有三千元的價值，今天你們請我來演講，同時我也拿了報酬，對你們我十分感激，但如果再花三個小時，這趟演講我就虧損了。我想還是到此為止，各位失陪了。」

他這種十分乾脆的話，使得這批招待的人只有苦笑，但A君認為如此處理是應該的，他另外說了些話來證明他的立場是對的。

「各位雖然身為銷售經理，但也是薪水階級，你如果玩了一小時仍可賺錢，而我卻會吃虧，這就是我們從事的銷售職業。」

我們是否都能做到這麼徹底，這是另外一回事，但是否需要有像這種程度的心理想法，可能因人而異。

我們都碰到過必須儘快到其他地方去的情況，然而，似乎沒有辦法能從正在進行的談話中脫身，而又不會冒犯正在說話的人。同時，當我們在等待對方說到一個段落時，五臟六腑都在翻攪。突然結束對話的變通方法是利用暗示。如此一來，你比較會掌握時間，而且會得到大部分與你來往的人的尊敬和感激。但是，總是有一些人弄不懂暗示，對他們來說，除了直截了當的結束外，沒有什麼其他有效的方法了。

學習如何利用一些簡單的暗示，多多少少可以節省些時間。提供給對方一個界限，他們可以事先知道你給他們多少時間，迫使對方切入主題，而不把時間浪費在不相關的細節上。有時候，有些人無法在當時你所給他們的時間內很好地討論一個話題。假如是這樣的話，可另外約定一個時間。

「那本書要多少錢？」一個在班傑明・富蘭克林書店的門廳徘徊了一個小時的男子問道。

「一美元。」店員回答道。

「要一美元！」那個徘徊了良久的人驚呼道，「你能便宜一點嗎？」

「沒法便宜了，就得一美元。」這是他得到的回答。

這個頗有購買欲望的人又盯了一會兒那本書，然後問道：「富蘭克林先生在嗎？」

「是的，」店員回答說，「他正忙於印刷間的工作。」

「哦，我想見一見他。」這個男子堅持道。

書店的店員把富蘭克林叫了出來，陌生人再一次問：「請問那本書的最低價是多少，富蘭克林先生？」

「一．二五美元。」富蘭克林斬釘截鐵地回答道。

「一．二五美元！怎麼會這樣子呢，剛才這位先生說只要一美元。」

「沒錯，」富蘭克林說道，「可是你還耽誤了我的時間，這個損失比一美元要大得多。」

這個男子看起來非常詫異，但是，為了儘快結束這場由他自己引起的談判，他再次問道：「好吧，那麼告訴我這本書的最低價吧！」

「一．五美元。」富蘭克林回答說。

「一．五美元！天哪，剛才你自己不是說了只要一．二五美元嗎？」

「是的，」富蘭克林冷靜地回答道，「可是到現在，我因此所耽誤的工作和喪失的價值要遠遠大於一．五美元。」

這個男子默不作聲地把錢放在了櫃檯上，拿起書本離開了書店。

從富蘭克林這位深諳時間價值的書店主人身上，他得到了一個有益的教訓：從某種程度上來說，時間就是財富，時間就是價值。

七、開發潛能要抓住靈感

1. 靈感的迸發

思維看不見摸不著，看起來很玄。其實，思維並非很「玄」。它無時不在，無處不在。生活中，有人得意就相信運氣，有人失意就歸咎於「天意」。其實，並非運氣也非「天意」，而是每一個人的思考模式決定了每一個人的命運。

「一念之差，悔之晚矣。」一念之差的背後卻是一個人的思考方法的差別。我們只有不斷反思，不斷剖析自己，才能從靈魂深處拯救和完善自己。

不思考，就猶如在跑步機上跑步，步子再大，也是在原地重複。要反思，要形成正確的思考方法，便不能不對思維本身有所了解。

思唯是人腦對物質世界的反映，並在人腦中把物質的東西轉換為思想形式的東西。這既包括思考活動過程，又包括思考成果。

思維對客觀現實的反映具有超越性。思維反映現實，再現客觀現實，但並不是讓這種現實的客體直接進入人腦，也非直接生成某種具體的直觀形象，而是透過對客體進行觀念的加工改造，表現為對感性直觀的接收。

如學習歷史，最初只是透過視覺來閱讀，欣賞文字和圖片。在閱讀過程中，我們會融進自己的理解。當要使用史料時，我們腦海裡不會僅是一本書，也不會是在現實中再現歷史過程，而是透過自己的理解把歷史展開。

2. 思維的光點

思維超越現象深入揭示事物的本質屬性和內部聯繫，即思維能認識現象的本質和現象間的聯繫。這一點對我們尤其重要，因為這其中蘊藏著巨大的機會。

愛德華・琴納是英國的一個鄉村醫生。他看到天花使無數孩子失去了生命，一直在尋找戰勝天花的有效辦法。

有一次，琴納去鄉村行醫，看到村裡有許多美麗的姑娘，她們一個個臉色紅潤，看上去非常漂亮，非常健康，沒有一個是麻臉的。一打聽，人們說，她們是擠奶女工。

琴納感到很奇怪，擠奶女工為什麼不生天花呢？他覺得，世界上任何事物都有內在的原因，擠奶女工不生天花，其中肯定有原因。找到了擠奶女工不生天花的原因，就能找到克服天花的辦法。

他向養牛工請教：是什麼原因使她們沒患上天花。牛工告訴他，牛也有類似於天花這樣的病，這就是牛痘。牛生牛痘的時候，症狀與人的天花很相像，也會發燒，也長痘子，牛生的天花也會傳給人。擠奶女工因為經常與牛接觸，容易生這種病。不過生這種病不可怕，稍微有一點怕冷發熱，過沒幾天就好了。而且，一個人如果患上了牛痘，一輩子也就不會再生天花了。

琴納從擠奶女工那裡得到啟發：如果牛身上的牛痘傳給人類，人也會生一種類似於天花的病，但是這種對牛來說可能會致死的病，對人來說卻很輕微，而且一旦患了一次牛痘，一輩子就再也不會生牛痘，也不會生天花了。

那麼，為什麼不給人種上牛痘，使人不再生天花呢？琴納這樣想著。

他決心對人進行這樣的一個實驗。他找了一個名叫菲浦士的孩子。有一次，一個擠奶女工罹患牛痘，琴納從她身上的牛痘膿皰裡取了一點液體，用針接種到菲浦士的身上。一星期後，這個孩子身上出現了一些類似於天花的症狀，怕冷、咽喉痛等，牛痘在他身上發生作用了，但並不嚴重。不幾天，孩子一切正常。兩個月後，琴納把人類的天花接種到菲浦士的身上，這個孩子居然不再生天花，他對天花有了一種神奇的抗病作用。

琴納從擠奶女工不生天花這個簡單的事實，溯根尋源，尋找其中的原因，並大膽地把牛身上的牛痘接種到人的身上，使人產生一定的免疫力，產生對天花病毒的免疫作用。琴納開創了預防醫學，也是免疫醫學。他的創造和發現，使人類戰勝了天花，拯救了無數的生命，保護了千百萬兒童的健康。

我們追溯琴納探索接種牛痘的思考過程，他的思考重點在哪裡呢？

首先，他喜歡追根尋源。發現擠奶女工不生天花、不麻臉，這當然是一種發現，但這還只停留在現象的發現上。琴納發現擠奶女工不生天花以後，他深入地思考造成這種結果的原因，他的思維就比一般人更深了一層。從發現現象到思考原因，這是思維深刻性的一種表現。思維越深刻，越容易找到深刻的本質和深層的原因，越容易找出深層次的規律來。

每個人的知識和智慧總是有限的。世界無限大，要知道的事物是如此之多，而每個人知道的又是如此之少，因此，要善於利用外腦，要善於向有某方面知識的人請教。琴納對擠奶女工為什麼不生天花不了解，他就虛心地向養牛工請教。這種請教的過程，就是利用外腦的過程。養牛工們向琴納說明了牛生牛痘的許多知識，可以說，琴納的知識來自養牛工的知識，他的聰明在於他善於學習，善於向內行的人學習。善於利用外腦的人的知識一定比一般人豐富，他們也容易取得成功。

琴納在了解牛痘和天花的知識以後，很快想到二者的統一性。他認識到，天花是一種人痘，牛痘是一種牛生的天花，它們是同一類疾病，只是程度有所不同。牛痘比較輕，天花比較重。

琴納從不同中看到統一，這是思維的一種特殊表現。而更重要的是，琴納發現，牛痘能致病，也能防病。他想能不能透過致病來防病？他別開生面地想：為了防止天花，就要感染牛痘，以較輕的牛痘，避免嚴重的天花。

在琴納的思維中，牛痘和人痘統一起來了，牛痘致病和牛痘防病統一起來了。正是這種善於把兩極的東西統一起來思考的方法，使他找到了一種牛痘預防天花的辦法。

思考能力有突破表象的能力，非凡人物之所以偉大，都因為有超人的洞察事物聯繫的能力，從人人熟悉的事實中發現普通人發現不了的機會。縱觀科學發展，除了牛頓又有誰會因被一個蘋果打中頭而去探討萬有引力定律呢？

3. 發現並不是專利

思維作為對客觀現實的概括性的反映，是一個複雜的、深刻的理性思維過程，包括一系列分析、抽象和綜合的環節。思維的概括性可說是從眾多的、紛亂雜繁的事實中去偽取真，去粗取精的過程。

我們每一個人都需要做出選擇，在一些人生十字路口的決策往往會徹底改變一個人的命運。在做出任何決定以前，都會有一個情報蒐集、情報處理和綜合的思考過程。這個過程就是一個思考的過程，它決定我們做出的決策的正確程度和品質高低。

一九六〇年代的某一天，美國科學家謝皮羅在洗完澡放水時發現，水順時針地轉著漩渦，這引起了他的注意。他觀察著，沉思著，一時竟忘記了擦乾身上的水珠。他癡癡地看著漩渦，看到一個漩渦接著一個漩渦，不斷地打著圈圈。

這種平常的現象引起了他的興趣。他想，這是不是這個浴缸的特殊現象？他穿上了衣服，又擰開了水池裡的水籠頭，水嘩嘩地流著，很快就放滿了浴缸。他拔出塞子，水又打著漩渦流著，旋轉的方向與浴缸裡的漩渦一模一樣。謝皮羅一次一次地試著，他發現，所有的水都是這樣，用同樣的旋轉方向打著相似的漩渦流著。

這是為什麼呢？他想，共同的現象一定有著相同的原因。

他又想到赤道上的水，那裡會不會有漩渦呢？那裡的水池裡的水將怎樣流出？流出的時候會不會打著漩渦呢？會不會打著同樣的漩渦呢？

他又想到，南半球的水池裡的水將會怎樣流出呢？它們又會沿著什麼方向打漩渦呢？

就為了這麼一個貌似平常的問題，他不遠萬里來到赤道。他觀察水池，看有沒有漩渦，結果，他發現赤道上的流水沒有漩渦。

他又來到南半球觀察，發現漩渦的方向正好與北半球相反。北半球是順時針方向，而南半球是逆時針方向。

他從觀察中得出結論：流水的漩渦，可能與地球的自轉有關。

他又想到，颱風、風暴都是流體的運動，空氣也是流體。南半球和北半球的風暴也一定是按與水流同樣的規律旋轉的，北半球和南半球風暴產生的漩渦的方向也將是彼此相反的。利用這種理論，將可以推測颱風的移動規律。

謝皮羅非常善於觀察，這些不顯眼的現象，沒有逃過他敏銳的眼睛。浴池裡的水怎麼旋轉，一般人是不大關心的，也不會去深入思考。但是，謝皮羅卻與眾不同，他留意到了漩渦的方向。

謝皮羅沒有滿足於眼前的發現，他追求的是深層的發現。他努力用心去發現，就是說，要對所發現的現象給出一個合理的說明。為此，他對赤道和南半球的流水產生的漩渦與北半球的情況做了推測，然後實地考察，與北半球的情況做了比較。這種比較大大深化了對漩渦的認識，對於揭示漩渦產生的原因也有啟示作用。

如果滿足於此，也還顯得不夠深刻，因為還停留於對現象的描述階段。謝皮羅進一步推斷造成漩渦的原因，以及造成南北半球漩渦方向相反的原因，找出了地球自轉可能是造成南北半球漩渦方向不同的原因。

更可貴的是，他沒有停留在說明已知的現象上，而是利用獲得的水流漩渦的知識，把它推廣到新的領域，尋找新的知識。他從水推廣到大氣，從水流推廣到氣流，從流水的方向推測風暴的方向，這樣，就把知識擴展了，也為驗證自己的假設提供了新的舞臺。

自然界到處都隱藏著祕密，到處都有發現的機會，天天是發現之時，處處是發現之地。如果我們善於觀察，小心地捕捉奇怪的現象，努力用理論去說明它，尋找它的原因，更多的人也能做出自己的發現。發現並不是某些人的專利。

謝皮羅從對一點也不起眼的浴缸流水現象的觀察，發現了一個重要的祕密，這就是一個有力的證明。

4. 直覺的魅力

直覺是人腦對於突然出現在面前的新事物、新現象、新問題及其中關係的一種迅速認識、敏銳而深入的洞察，換句話說，就是直接領悟的思維。

創造過程是無意識地進行的，真理不是透過有目的的推理，而是憑著我們的直覺得到的。直覺是一種無意識的思維，人們透過感覺可以認識事物的現象，透過直覺認識事物的本質和規律。

直覺可能為我們提供正確的事實判斷，這種判斷是無法依邏輯推理完成而是在無意之中突然出現的感覺。當然，這種直覺並不是完全憑空而來，它的實質是人們尚未意識到、尚未總結的經驗。

某藥店正打掃店舖，準備關門。

「小姐，請替我拿兩瓶『利眠寧』。」

售貨員抬頭一看，是一位中年婦女，穿著得體，神態平靜。於是她拿出兩瓶安眠藥遞給她。但就在這位顧客付錢的時候，售貨員發現她的手微微顫抖：她莫非是打扮整齊，準備自殺的？

售貨員匆匆把店裡的事向同事交代了一下就奔出店門，追上那顧客。果不其然，透過交談，那位婦女告訴售貨員：她不堪忍受丈夫虐待，便想一死了之。售貨員誠摯地開導她，告訴她應用法律抗爭，自殺只會傷害自己和親人。那位婦女慢慢抬起低垂的頭，答應照她的建議去做。就這樣，她從死神的手中奪回了一條生命。

一個普通的營業員，從沒有接受有關判斷自殺的教育。她得出中年婦女要自殺的結論只是一剎那的直覺。她的直覺卻對了。這並非是她有特異功能，而是她在日常生活中，透過影視、小說，對自殺者的一些徵兆在潛意識中有一定累積，但尚未條理化。而中年婦女的徵兆也是自殺前的一種，喚醒了她潛意識中對自殺的認識。所以，她能以一剎那的直覺做出判斷。

直覺也可以幫助科學家在創造活動中做出預見。愛因斯坦面臨在物理學上做出方向選擇時，憑藉他非凡的直覺能力，走的是一條革命性的道路，用「光量子假說」對量子論作了重大貢獻。英國物理學家盧瑟福也是憑著強烈的直覺，感到在原子物理和核子物理兩方面必定會有重大發現，很早就進行原子核子物理的研究，在最短的時間內做出了大量重要的發現。

直覺更能幫助企業家做出非凡的決斷。

自他決定加盟蘋果公司時起，斯卡利便開始向電腦世界發起強而有力的進攻。接管蘋果公司後不到一年的時間，便成了公眾矚目的焦點。

斯卡利認為，所有重大的市場決策都是由直覺做出的。經驗、資料及各種不同的視角成為他直覺的泉源，而且目標又引導了直覺。

正是這種直覺，在五月末的一個早晨，指導他打敗了一次權力接管的挑戰。挑戰者是將其帶入蘋果公司的創建者之一、董事會主席史蒂芬・賈伯斯。斯卡利揭穿了賈伯斯的伎倆後，牢牢地控制了公司。

接著，他立即制訂了一個重組方案，將蘋果公司繁多的管理部門合併為三個不同職能的部門。這是任何一位經理可能面對的壓力最大、最棘手的一段時期。斯卡利將策劃、生產和產品銷售統一管理，還建立了一個產品開發部、一個市場部及銷售部。斯卡利做出的決策，不僅影響到一千二百名員工的生活，也牽涉到整個企業文化，是一種大膽之舉。

雖然斯卡利有自己的生意分析方法，有一些可供參考的資料，但像這樣的決策還需要更多的東西。他必須能夠自由地運用左腦和右腦，一邊運用抽象思維、一邊重視實際操作，並得同時問自己兩個問題：蘋果公司打算做什麼？如何達到目標？但是，電腦業有其特殊問題，斯卡利不能依靠傳統型公司所累積的同樣詳細的資料，而必須讓自己相信另一種資料處理方法。

在斯卡利的領導下，蘋果電腦公司在營利中得以發展。斯卡利既保持了公司的企業文化，又維護了整個蘋果公司的事業。

他的成就，源於在最關鍵時刻，對自己內在感覺的信任。他的決策是自信而直接的。他蒐集了資訊，確定了它們之間的聯繫，然後就聽任直覺驅使。

這樣，斯卡利使蘋果公司成了二十一世紀的世界級競爭參與者。這項任務完成後，斯卡利於一九九三年六月從總經理的位置退了下來。他覺得，自己的目標是多花點時間陪陪家人、思考未來。

積極地運用直覺，能把決策人員從撰寫季度報告之中解脫出來，轉而集中精力做長遠的考慮。短期的壓力，阻礙了他們發展公司所必須具備的遠見。

如果約翰・斯卡利未能預見到公司前途的種種可能性，還會有今天的蘋果公司嗎？也許，它現在只是一群有些本事但缺乏經驗的創業者們留下的一片混亂而已。

直覺是思維的一種形式，但它並不是神祕莫測、玄而又玄的東西。高度直覺的能力來源於人對知識和經驗在潛意識的累積，歸根結底也是以實踐為基礎的。

開啟直覺的一個相當簡易的方法便是身心放鬆——學著安靜地坐下，忘卻讓你感到壓力的事情。這種方法時間不限，可以短至五分鐘，在你坐在椅子上或正在淋浴的時候便可進行。你也可將它當成常規之事來做，譬如，每天抽出二十分鐘時間來打坐入定。

這樣一個積極想像的過程，是開啟直覺之門的一個非常有力的工具。這可不是一種遊戲，重要的是得記住，儘管你不再控制自己的意識，實際上你仍在對自己進行著有效控制（全域統籌而非隨意支配，往往是一個出色的領導者與一般老闆的差別所在）。你使用和練習這些方法越多，就越容易聽見和辨認直覺，而不會忽略直覺的寂靜之聲。

一旦我們的大腦已經能夠放鬆下來，哪怕是最短暫的時間，那被鎖在最深處的東西也會得以釋放。記住直覺常常是那些被看似更為「理性」的聲音所壓制的一種內在的寂靜之聲。但是，如果你不願花時間去聽，又如何能指望聽得見呢？

剛開始，這種練習也許會像是在浪費寶貴的時間，特別是當你忙於急事時，冥思就更顯得是無所事事，虛擲光陰。但是只要你能使自己安靜下來，哪怕只是一點時間，你就能除去那阻礙你傾聽內在活動聲音的表層自覺意識。這樣，你就能得到一個機會，進行真正的審視。

這種身心放鬆是一種思維解放，透過放鬆自己，我們就可以使大腦不再受有意識的思維與分析的限制。這種除卻思想負擔的過程，使我們的有意識活動平息下來，從而人們能夠聽到來自他們心靈深處的聲音，並據此做出決策。正如法蘭西絲・霍恩在她的著作《覺醒的直覺》一書中所闡述的那樣：「你要學著聽取你原本就已經知道的東西。但是為了能夠聽見，你的大腦就必須安靜下來，而不充斥了你自認為需要去學的那些東西。」

健康養生小百科好書推薦

圖解特效養生36大穴
NT：300（附DVD）

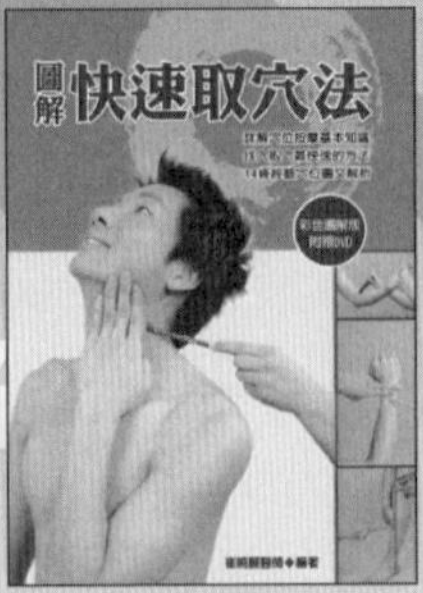

圖解快速取穴法
NT：300（附DVD）

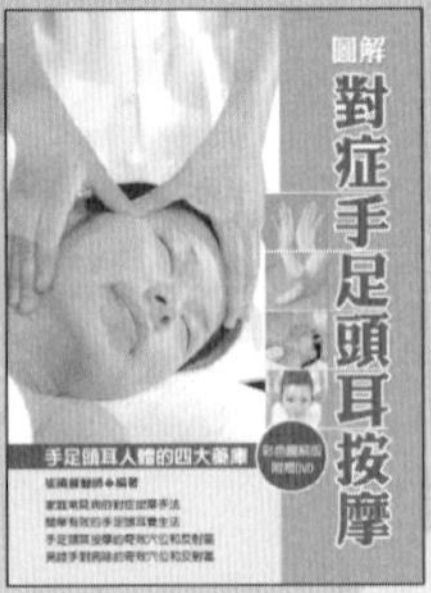

圖解對症手足頭耳按摩
NT：300（附DVD）

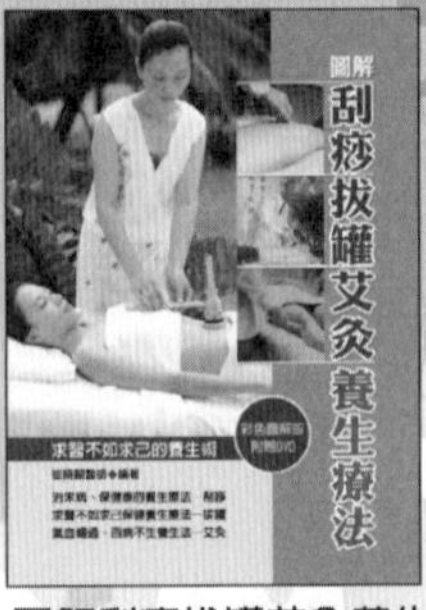

圖解刮痧拔罐艾灸養生療法
NT：300（附DVD）

一味中藥補養全家
NT：280

本草綱目食物養生圖鑑
NT：300

選對中藥養好身
NT：300

餐桌上的抗癌食品
NT：280

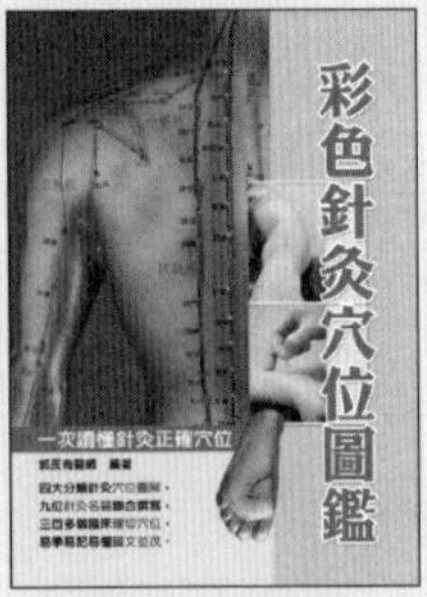

彩色針灸穴位圖鑑
NT：280

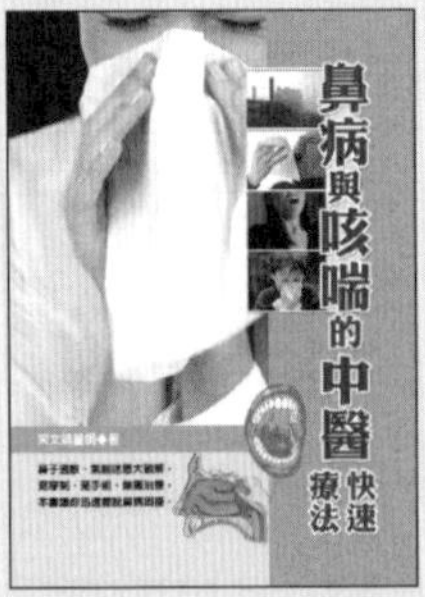

鼻病與咳喘的中醫快速療法 NT：300

拍拍打打養五臟
NT：300

五色食物養五臟
NT：280

痠痛革命
NT：300

你不可不知的防癌抗癌100招 NT：300

自我免疫系統是身體最好的醫院 NT：270 元

美魔女氧生術
NT：280 元

心理勵志小百科好書推薦

全世界都在用的80個
關鍵思維NT：280

學會寬容
NT：280

用幽默化解沉默
NT：280

學會包容
NT：280

引爆潛能
NT：280

學會逆向思考
NT：280

全世界都在用的智慧
定律 NT：300

人生三思
NT：270

陌生開發心理戰
NT：270

人生三談
NT：270

全世界都在學的逆境
智商NT：280

引爆成功的資本
NT：280

每個人都要會的幽默學
NT：280

潛意識的智慧
NT：270

10天打造超強的成功智慧
NT：280

捨得：人生是一個捨與得的歷程，
不已得喜，不以失悲　NT：250

華志文化事業有限公司
HUACHIH CULTURE CO., LTD

116台北市文山區興隆路4段96巷3弄6號4樓

E-mail： huachihbook@yahoo.com.tw 電話：(886-2)22341779

【圖書目錄】

書號	書名	定價	書號	書名	定價
			健康養生小百科 18K		
A001	圖解特效養生36大穴（彩色）	300元	A002	圖解快速取穴法（彩色）	300元
A003	圖解對症手足頭耳按摩（彩色）	300元	A004	圖解刮痧拔罐艾灸養生療法(彩色）	300元
A005	一味中藥補養全家（彩色）	280元	A006	本草綱目食物養生圖鑑（彩色）	300元
A007	選對中藥養好身（彩色）	300元	A008	餐桌上的抗癌食品（雙色）	280元
A009	彩色針灸穴位圖鑑（彩色）	280元	A010	鼻病與咳喘的中醫快速療法	300元
A011	拍拍打打養五臟（雙色）	300元	A012	五色食物養五臟（雙色）	280元
A013	痠痛革命	300元	A014	你不可不知的防癌抗癌100招(雙色）	300元
A015	自我免疫系統是最好的醫院	270元	A016	美魔女氧生術（彩色）	280元
A017	你不可不知的增強免疫力100招(雙色)	280元	A018	關節炎康復指南	270元
A019	名醫師教您：生了癌怎麼吃最有效	260元	A020	你不可不知的對抗疲勞100招(雙色)	280元
			心理勵志小百科 18K		
B001	全世界都在用的80個關鍵思維	280元	B002	學會寬容	280元
B003	用幽默化解沉默	280元	B004	學會包容	280元
B005	引爆潛能	280元	B006	學會逆向思考	280元
B007	全世界都在用的智慧定律	300元	B008	人生三思	270元
B009	陌生開發心理戰	270元	B010	人生三談	270元
B011	全世界都在學的逆境智商	280元	B012	引爆成功的資本	280元
B013	每個人都要會的幽默學	280元	B014	潛意識的智慧	270元
B015	10天打造超強的成功智慧	280元	B016	捨得：人生是一個捨與得的歷程，不以得喜，不以失悲	250元
B017	智慧結晶：一本書就像是一艘人生方舟	260元			
			口袋書系列 64K		
C001	易占隨身手冊	230元	C002	兩岸簡繁體對照手冊	200元

		休閒生活館 25K			
C101	噴飯笑話集	169 元	C102	捧腹 1001 夜	169 元
		諸子百家大講座 18K			
D001	鬼谷子全書	280 元	D002	莊子全書	280 元
D003	道德經全書	280 元	D004	論語全書	280 元
		生活有機園 25K			
E001	樂在變臉	220 元	E002	你淡定了嗎？不是路已走到盡頭，而是該轉彎的時候	220 元
E003	點亮一盞明燈：圓融人生的 66 個觀念	200 元	E004	減壓革命：即使沮喪抓狂,你也可以輕鬆瞬間擊潰	200 元
E005	低智商的台灣社會：100 個荒謬亂象大解析，改變心態救自己	250 元	E006	豁達：再難也要堅持，再痛也要放下	220 元
E007	放下的智慧：不是放下需求，而是放下貪求	220 元	E008	關卡：生命考驗必須凝聚的九大力量	220 元
E009	我們都忘了，知止也是一種智慧	200 元	E010	百年樟樹聽我說話	200 元
E011	鹹也好淡也好，人生自在就好	179 元			
		命理館 25K			
F001	我學易經的第一步：易有幾千歲的壽命，還活得很有活力	250 元			

智慧結晶：一本書就像是一艘人生方舟 / 巴爾塔沙・葛拉西安、安東尼・羅賓等作，李華妍編
初版. -- 新北市：華志文化, 2014.01
面；　公分. --（心理勵志小百科；17）

ISBN 978-986-5936-62-4（平裝）

1. 成功法

177.2　　　　102024415

華志文化事業有限公司

書名／智慧結晶：一本書就像是一艘人生方舟
系列／心理勵志小百科 017

原著　巴爾塔沙・葛拉西安、安東尼・羅賓等
編者　李華妍
執行編輯　林雅婷
美術編輯　簡郁庭
封面設計　黃雲華
文字校對　陳麗鳳
企劃執行　康敏才
總編輯　黃志中
社長　楊凱翔
出版者　華志文化事業有限公司
電子信箱　huachihbook@yahoo.com.tw
地址　116台北市文山區興隆路四段九十六巷三弄六號四樓
電話　02-22341779
印製排版　辰皓國際出版製作有限公司

總經銷商　旭昇圖書有限公司
地址　235新北市中和區中山路二段三五二號二樓
電話　02-22451480
傳真　02-22451479
郵政劃撥　戶名：旭昇圖書有限公司（帳號：12935041）
電子信箱　s1686688@ms31.hinet.net

出版日期　西元二〇一四年一月初版第一刷
售價　二六〇元

本書採用POD印刷

華志文化

華志文化

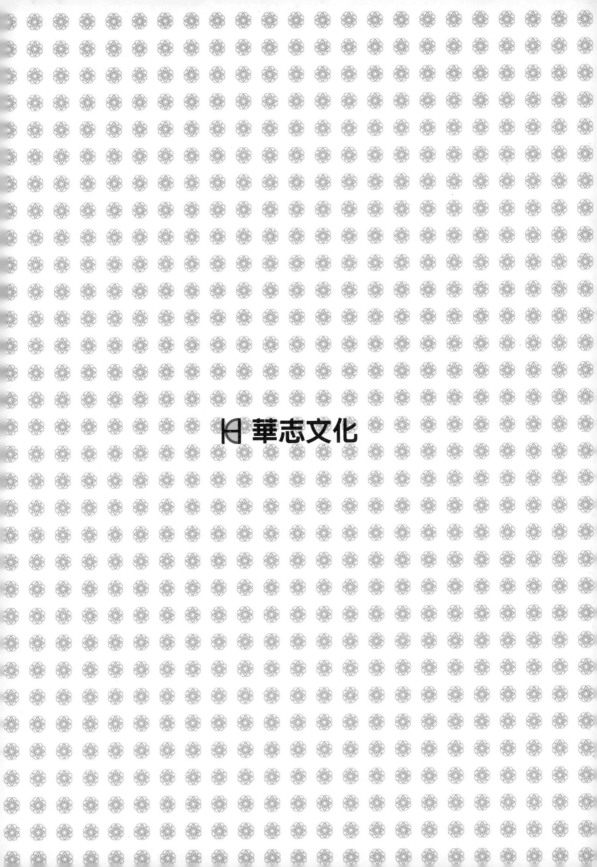